DV《ドメスティック・バイオレンス》――殴らずにはいられない男たち

豊田正義

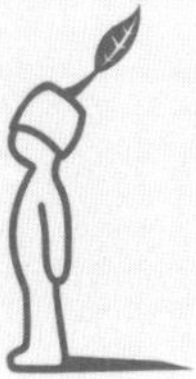

光文社新書

010

DV《ドメスティック・バイオレンス》——殴らずにはいられない男たち

豊田正義

光文社新書

目次

プロローグ

暴力のサイクル

その男の表情は苦悩に満ちていた。眼下に美しい夜景が広がり、心地よいピアノの音色が流れているラウンジの中で、私たちの席だけが重々しい沈黙に包まれていた。彼はうなだれながら、こう呟《つぶや》いた。

「仕事をしているときに、上からもうひとりの自分が見ているんですよ。白衣を着て患者さんの介護をしている自分に、そいつはこう言うんですよ、『おまえはそうやって患者さんには感謝されているけど、白衣を脱いだら何者なんだ。家の中では奥さんを殴りつけている最低な男じゃないか。おまえなんか、偽善者だ』ってね。白衣を脱いで家に帰るときも、急に虚《むな》しくなるんですよ。『ああ、今日もまた殴《なぐ》ってしまうかもしれない』って考え込んでしまって。どうしようもないですよ。ほんとに始末に負えないですよ。豊田さん、この苦しみわかってもらえますか?」

彼は顔をあげて私を見詰めた。目が充血していた。私は取材ノートのペンを止めて溜息をついた。

「あまり無責任なことは言いたくないから、『わかる』とは言い切れないですけど、苦しみはすごく伝わってきますよ。本当に苦しんでいるんだなって心底思いますよ」

「でもね、いくら苦しんでいても、どうしてもやめられないんですよ。衝動が高まってきたら、まるでダムが崩壊したように衝動が一気に流れ出すんです。その流れの行き先というのは、いつも決まって家内なんです。いちばん身近な弱者に向かっていくんです。ほんとに卑怯なことと自分でもよくわかっているんですけど、やめられない。最低ですよ、自分は」

「奥さんは、どう言ってるんですか?」

「家内はね、ありがたいことに、『あなたがいつか良くなってくれることを私は信じている』って言ってくれるんですよ。あんなにボコボコに殴られているのに、よくそんなことを言ってくれるなと思います。いつもそのあと、『ありがとう、ありがとう』って涙が出てきてしまうんです。いったん謝罪の心理になると、フキンやスリッパひとつ見ても、愛しくなりますよ。家内がピンと伸ばして干したフキンとか、きれいに並べてあるスリッパとか、とにかく家内の温もりを感じさせてくれる物ならすべて愛おしくなるんです。『こんな細かい心遣いをしてくれるのに、僕はなんて子供っぽい衝動で彼女を殴ってしまったんだろう』って反省するんですけど、でも、いつもいつも繰り返す。ぜんぜん学習しない。だから両極端なんですよ。ほんとにどうしようもない男だなといつも思いますよ」

私はDVに共通する「暴力のサイクル」を事前に知っていたので、この話にはさして驚かなかった。暴力が起こる「爆発期」、謝罪をして親密な関係が復活する「ハネムーン期」、怒りが溜まって張り詰めた雰囲気になる「緊張期」という三つのステージを繰り返しながら、DVは徐々に過激さを増していく。彼と彼の妻は、まさにそのサイクルにはまっている典型的なカップルだ。

しかし私が驚いたのは、彼のキャリアを聞いたときだった。まったくと言っていいほど暴力に無縁だった人が、いやそれどころか、むしろ博愛に満ちた活動を一貫して行ってきた人がなぜ妻にだけ牙を剝《む》くのか、私にはまるで理解不可能だった。

出会い、そして同居

その男性、伊藤幸弘さん（仮名・三十一歳）は、大学卒業後に県庁の役人になり、福祉衛生部に所属していた。ホームレスなど健康保険証を持たない人たちに対する医療救済活動を担当していた。

ある日、高齢のホームレスの男性が路上で吐血して倒れ、救急車で県立病院に搬送された。動脈瘤の破裂であることがわかり、緊急手術を施したが、手遅れのために亡くなった。幸弘さんは病院に出入りして書類を作成した。そのときに応対した一人の看護婦と親しくなり、恋に落ちた。

「白衣の天使っていうのは、まさに彼女のことだと思ったんですよ。こんなに素晴らしい天職を持って、こんなに輝いて仕事をしている人がいたんだと感激したんです。僕は心底惚《ほ》れ込んでしまった。この人しかいないなと思いました」

彼女も幸弘さんに好意を持っていたので、すぐに恋人関係になった。幸弘さんはその頃から「看護士になりたい」と思いはじめた。弱者救済という使命感に燃えて仕事はしていたが、彼女が医療現場でホームレスを処置する姿を目の当たりにして、役所の仕事に嫌気がさしてきたのだ。

「行政機関なんてペンと紙なんですよ、何をするにしても。たとえば、病気で仕事もできなくて生活保護が必要だという人がいたら、役人は何をするかと言えば、とりあえず情況を見に行って、書類を作って、あとは審査に出して上司の判子をもらうだけですから。それって顔がぜんぜん見えないじゃないですか。だけど、看護婦は、運ばれてきた生身の患者さんに、すごく具体的に手助けができるじゃないですか。だから、無味乾燥な紙とペンに囲まれているんだったら、看護士になったほうがいいと思ったんですよ。彼女みたいにアクティブに生きてみたいと思ったんですね」

彼女は大いに賛成して、「私がサポートするから、がんばって」と励ました。彼はさっそく県庁を退職して看護学校に通いはじめた。その頃に籍を入れて同居をはじめた。コツコツと貯めてきた幸弘さんの預金と彼女の収入があれば、生活費と学費は十分に賄《まかな》えた。

「籍を入れたというのは、男としてのひとつのけじめだったんです。同棲のまま籍も入れないで彼女から金銭的援助を受けるというのは、男としてだらしがないと思ったんです。たとえば卒業したあと、僕が『同棲をやめる』と出ていってしまったら、彼女が学費とか生活費の援助をしてくれたのを裏切ることになる。僕は絶対にそんな卑劣なことはしないと誓ったんですよ」

しかし実際に学校に通い、同居をはじめてみると、幸弘さんは大きな現実の壁に直面した。

「歳も歳ですから、収入や社会的地位を失ったことが予想外に不安になってきたんです。二年生のときに貯金が切れてきたので、ますます後ろめたくなってきたんです。それに自分が好きで行った学校であるにもかかわらず、実習がはじまってから専門的に難しくなって、イライラしてきました」

当初、妻との関係は良好だった。彼女は精神的にも経済的にも幸弘さんを支えていた。彼よりも三歳年上で、看護婦としては脂《あぶら》が乗っている時期だったので、ひとつひとつの助言が貴重だった。しかし、そういう妻に感謝の念を抱くのと同時に、幸弘さんの心の中には、あるのっぴきならない感情が徐々に込み上げてきた。

暴力

三年生のときのある日、学校行事の打合わせのために幸弘さんが出掛けようとすると、風邪を引いて寝込んでいた妻が「人が病気なのに、あなた出ていくの!」と不満をぶつけた。彼はムカッときて、「学級委員長だから、どうしても行かなきゃいけないんだ!」と言い返して外出した。打合わせ終了後もすぐには帰らず、年下の同級生たちを引き連れて飲みに行った。ほろ酔い気分で帰宅したとき、「私が風邪なのに、飲みに行ったの! ひどいじゃない!」と妻が再び文句を言った。その瞬間、幸弘さんは逆上した。布団のうえにいる妻に飛びかかり、胸倉を摑んで、顔面をひっぱたいた。いったん堰《せき》を切ると、怒りが止めどもなく噴き出してきて、何度も何度も殴りつづけた。

翌日、妻は「別れたい」と切り出した。「あなたが暴力をふるうような人だとは思わなかったわ。私はそういう男性は生理的に受け入れられないの。もうお終《しま》いよ」。幸弘さんは土下座して謝罪した。「もう二度としない」と誓った。妻はその言葉を信じて彼を許した。しかしそれ以後も暴力は繰り返された。

「人間というのは理性のたがが外れると、ほんとに悲しいもんでね。暴力ってほんとに反復するんですよ。だんだん暴言もエスカレートして『おまえなんか、早く死んでしまえ！』とか、ありとあらゆる罵詈雑言《ばりぞうごん》を浴びせて、彼女を叩《たた》いて叩いてボコボコにしてしまうんです」

些細なきっかけ

いつでも暴力のきっかけは、ぜんぜん憶《おぼ》えていないほど些細なことだった。「ワインが欲しかったのにビールが出てきたくらいのこと」だという。そして暴力のあとはいつでも猛烈に謝罪した。最初は毅然とした態度で別れ話を切り出した妻も、次第におとなしくなっていった。心が揺れに揺れているようだった。「あなたは病気だからしょうがない」と冷めたように言ったり、「あんたの何を信じていいかわからない。あるときは死ねというし、あるときは愛してるという」と泣き叫んだりしながら、最終的にいつでも幸弘さんを許した。暴力があった晩は会話をせずに別々に寝たが、冷蔵庫のホワイトボードに「頼むから別れないでくれ。君のことが好きなんだ」と幸弘さんが書いておくと、翌朝には「おにぎりが冷蔵庫に入っています」と返事が書いてあった。それが「和解のしるし」だった。

「家内には落ち度はまったくないと思うんですよ。彼女は仕事も家事もよくやってくれています。言葉の暴力なんかも思い当たりません。性格的にも家内の嫌なところは特にないです。だから、暴力の原因を探すとしたら僕しか考えられないんです。僕が完璧に悪い。でも、そんなことわかっていても、彼女への暴力がやめられないんですから、本当に僕はどうしようもない人間ですよ」

理想的なカップル

幸弘さんは看護学校を卒業して看護士として就職した。仕事は非常に熱心で、医師や患者からの評判は上々だった。最初は都市部の病院だったが、人材が足りない過疎地の病院に妻といっしょに赴任して、地域医療の発展に貢献したこともあった。周囲からは「理想的なカップル」と言われた。仕事の面においては、ふたりは評判どおりの最良のパートナーだった。

しかしそういう時期でも、家庭内においては、あいかわらずＤＶは続いていたのである。幸弘さんの暴力的衝動は、看護士としてのキャリアを積み、収入や地位の安定を確保してからも、ぜんぜん鎮《しず》まらなかったのである。

現在ふたりは過疎地から引き上げて都市部の病院に勤務している。幸弘さんは精神科、妻は外科である。

原因

彼は吐き捨てるように、こう語った。

「ほんとに、ほんとに信じられないですよ、自分で自分のことが。精神科の患者さんの中には、理不尽で滅茶滅茶なことを言ってくる方がいるんですよ。僕が意図的に何をやったわけじゃないのに恨《うら》みに思ったりとか。でも僕は、そういう患者さんに対して怒ったことはないんです。ムカッとした表情ひとつ出したことはない。でも、家内にだけは、本当につまらんことで目くじらを立ててしまう。どうしてなんだか、自分でもわからないんですよ。ほんとに助けてほしいくらいです」

「精神科医に相談したことはあるんですか?」と私は訊《き》いた。

「ええ、あります。自分が勤務しているところとはぜんぜん別の病院に行きました。でも、精神科医の言うことは見え過ぎちゃって。処方される薬を見ても、ぜんぶわかってしまうから、あまり飲む気はしないし。これは医者や薬で治すもんじゃないと思うんですよ。かといってカウンセリングでもいいところが見つからないし……」

「あなたなら、もっと冷静になれば、かなり深いところまで自己分析できるんじゃないですか?」

「懸命に考えていますけど、衝動の原因はわかりません。数学の方程式を解くようなわけにはいきませんからね。よく暴力をふるう人は子供の頃に親から虐待されたトラウマ(心的外傷)があると聞きますけど、そういう記憶もいっさいないんです。学校でも伸び伸びしていましたしね。ただ、原因を強いてあげるとすれば……」

彼は言葉に詰まった。私は筆記を止めて、じっと次の言葉を待っていた。

「こんなペラペラしゃべっていいような問題じゃないと思うんで、ますます自己嫌悪に駆られているんですけど、せっかくですから豊田さんに話しますね。強いて原因をあげるとすれば、僕は看護士として家内には追いつけない、勝てないという気持ちが心のどこかにあるんです。もちろん僕よりもキャリアが長いわけですから当然なんですけど、もともとの才能がぜんぜん違うんですよ。包帯の巻き方や点滴の取りつけ方とか細かなことでも、家内は本当に素晴らしい働き方をする。仕事の面において、僕は絶対にかなわない。最初はその姿に憧れて、尊敬して、僕も看護士になりましたけど、やはり徐々にコンプレックスが出てきてしまったんですね。それはやっぱり辛《つら》いんですよ、男としては。それでいつも思ってしまうのは、やっぱり県庁の役人でいれば良かったということなんです」

「役人を辞めたことを後悔しているんですか？」

「ええ、年齢がいけばいくほど、地方官僚の旨味《うまみ》というのはわかってきますからね。僕は昇進が約束されている立場だったんです。去年、役所時代の同僚に会ったときに、もう係長とか、いちばんいい奴は課長代理になっていましたからね。でも、それは家内が悪いんじゃなくて、自分が若気の至りで、そういう理想を追い求めて勝手に辞表を出してしまったのが悪いわけですよ。自分の責任だっていうのは百も承知なんですけど、でも、大げんかになってしまうと、『おまえと出会わなければ、今頃こうだった』とか『おまえがしゃしゃり出てきたために、人生が狂った』とか責めてしまって、怒りのあまり叩いてしまうんです。だから、ほんとに自分勝手な理屈、いや理屈という冠《かんむり》もかぶせられないほどデタラメなことなんですよ。ほんとに最低ですよ、僕は」

幸弘さんは深くうなだれて黙り込んだ。私は彼の様子を見て、「もうこの話は打ち切ったほうがいい」と判断した。

深い溝

ラウンジを出る前に幸弘さんは携帯電話で妻に連絡を取った。「遅くなるから」という知らせのあとに、「君も豊田さんと話してごらんよ。紹介するから」と言った。それまでになく野太い声だった。私は一瞬躊躇《ちゅうちょ》したが、電話機を渡されたので、とりあえず「初めまして」と挨拶した。緊張のみなぎる声で「主人がお世話になっています」と返ってきた。

少し話したあと、彼女は唐突にこう言った。

「取材を受けることが、主人の問題を解決するきっかけになればと思っているんです。主人は変わると思いますか?」

「僕にはわかりませんけど、でも、変わらなきゃいけないという思いは伝わってきました。正直にすべて話してくれましたし」

「でも、これまでもぜんぜん変わらないから、私が消えたほうがいいんじゃないかと思ってしまって。主人を追い詰めているんなら」

その声は少し震えていた。私はとっさに幸弘さんのほうを見た。彼は腕組みをして、うっすらと笑みを浮かべながら、こちらを見詰めていた。私はふたりの間に入り、胸を締め付けられるような緊迫感を感じた。この問題は、いつでもこんなふうに私に迫ってきた。男と女のどうしようもなく深い溝に直面するたびに、私は茫然《ぼうぜん》と立ちすくむことしかできないのだ。

DV加害者の声

当たり前のことだが、幸弘さんのような存在はドメスティック・バイオレンスの「加害者」である。さらに言えば、二〇〇一年十月十三日のDV防止法施行後は、れっきとした「犯罪者」にも相当する。もし妻が提訴して認められれば、公権力による処罰はまぬがれない。それは社会のルールだ。これまでDVが「夫婦間の問題」として見過ごされてきたことを考えれば、加害者への処罰はもっと社会のルールとして認識され、きちんと定着させなければいけない。

しかし本書は、そういう時代の流れに乗って、加害者を厳しく追及しようとする内容ではない。私はむしろそういう糾弾的風潮《きゅうだんてきふうちょう》とは一線を画して、加害者の生の声をありのままにお届けしようと思うのである。そこには先の幸弘さんの話のように、苦悩や悔悟や憤怒などの様々な感情が複雑に入り組んでいる。理屈には収まり切らない人間の情念がほとばしっている。

私はいま、できるかぎり冷静になって、そういう加害者の生の声に耳を傾け、ありのままを多くの人に伝えたいと思う。それは何も私の個人的趣味ということではなく、社会に必要なことだと確信しているからだ。

DV加害者研究の必要性

被害者の数だけ加害者はいる。一九九九年に総理府が実施したDVに関する世論調査では二十人に一人の女性が「命の危険を感じるほどの暴力を夫から受けた」と答えている。つまり凄《すさ》まじい数の男性が「命の危険」を与えるほどの暴力を家庭内でふるっているわけだが、これまで加害者側の心理の解明は行われてこなかった。なぜ大勢の男たちが妻や恋人にのみ暴力をふるうのか、どうすればやめられるのか、あるいは絶対にやめられないのかなどなど、いくらでも加害者に関する疑問はあるのだが、残念ながらそれらに対する明確な回答を得られないのがわが国の情況であった。

欧米ではＤＶの加害者研究というジャンルが確立されている。それが国家の加害者対策として活用されたり、個人が暴力を克服するための指南として役立っているのである。わが国でもここ数年、欧米の加害者研究の翻訳書が出版されたり、心理学者や社会学者などが加害者に焦点を当てた専門書を執筆したり、この分野は徐々に開拓されてきてはいる。しかしジャンルの確立までには至っていない。特に私が不満なのは、加害者自身の声が収録されているルポルタージュがぜんぜんないことであった。それを抜きにした抽象的な論文ばかり多くても、生々しいリアリティーが感じられない。数としては活字でも映像でもＤＶのルポルタージュは非常に多いが、大半は被害者の声だけを集めたものである。それらは被害者の心理を知るのには最良の資料になり得るが、イコールＤＶの全貌ではない。やはり加害者側への聞き取りがなければ見えてこない部分はたくさんある。

私は九〇年代半ばから「男性問題」をテーマに掲げて活動してきたので、この欠けている分野を補うために自分なりの仕事はしてきた。たとえば、四年ほど前から「女も男も」（労働教育センター発行）という雑誌の連載でコツコツと加害男性へのインタビューを発表してきた。しかしそれをはじめた頃は、「誰がそんなの読むの？」とよく蔑《さげす》まれたほどで、いわゆる排除の論理の大きな壁を感じてきた。したがって今回、新書のテーマとして取り上げられたことに時代の変化を感じないではいられない。

今回の企画では当初、加害者の話のみを掲載する予定であったが、やはりそれだけではバランスが悪いと考え直して、彼らの妻の話も同時掲載した。二十数人の加害男性にインタビューをしたが、その中から妻の話も聞くことができた四人のストーリーを本文で描いている。結果的に男女の意識のすれ違い、記憶の違い、言葉の矛盾などが浮き彫りになった。DVに直面した夫婦の間に入って、私自身の気持ちが揺れに揺れたという事実も正直に書いた。読者によって様々な受け止め方があるだろうが、できることなら、その受け止め方の多様性がこの問題の活発な議論につながることを切に望んでいる。

第1章　「女はだまってついてこい！」

石川信彰さん（仮名・三十八歳）とはＤＶ関係のホームページの掲示板を通じて知り合った。彼の書き込みを読んで、「詳しく話を聞かせてもらえないだろうか」という旨《むね》のメールを出すと、彼は丁寧な返事をくれた。

実は、現在再婚相手と同棲しております。もう一年半になりますが、昨年春頃から喧嘩が発生し、私は、暴力を振るうようになりました。彼女はとても優秀な女性で、四大卒、天真爛漫かつ聡明な女性で、誰からも愛され、ましてやとびきりの可愛いらしさと愛嬌があり、とても、私のような高校中退者・バツイチで前の家族に子供が二人いて、その上借金があり、三十八歳のおじさんの私なんかとは到底無縁の釣り合いのとれない二人です。喧嘩の原因は前の家族の事が多いのですが、私自身の性格の悪さもあります。私の性格は、自己中心的で身勝手・傲慢・強情・約束を守らない大嘘つき・人の心が解らない……数えれば限りがありません。最初の頃は、私もそんな彼女に夢中で優しくしておりましたが、私が彼女を尊敬している理由として、何事も理路整然と話す彼女の事を素直に聞いてたはずなのに、私の中でどこか我慢してたのか、ちょっとした事から、カッとし、言い合いがお互い激しくなり、つい暴力を振るってしまったのです。それから喧嘩の度にお互い〃格闘技〟並みの喧嘩となってしまいました。実は、前嫁にも何度か暴力を振るった事があり、最近ＴＶでＤＶの事を知り、自分がそんな恐ろしい人間だという事を初めて知りました。自分でも、我慢し、蓄積された何かが突然暴力に繋がったと思いますが、何とかそれを直そうと努力してますが、全然治りません。やはり男が女に暴力を振るうなんて事は、絶対にダメだと分かってます。ただ、キレた時には何も分からなくなるのです。暴力以外に、口でも恐ろしい事を彼女に言います。今、私は自分がノイローゼ気味だと思ったり、いや自分は正常だ、と思ったり、最近は色々と悩み、自己嫌悪に陥ってばかりです。最近は、逆に彼女の方が、自分が私の事をそうさせたと言って私のとった行動をかばうのです。これでは私のＤＶは治らないと思います。私は、生涯彼女を愛します。大事にします。何とかこの欠点を直したいと思います。二人の幸せの為に……。恥ずかしながらこのようなメールをお送りさせていただきましたが、直す方法はあるのでしょうか？　何かあれば、是非教えて下さい。（原文ママ）

私は早速返事を書いて、ＤＶ問題に精通している知人のカウンセラーを紹介することを約束した。そしてさらに「取材に応じてもらえないだろうか」と打診した。彼は即答で引き受けてくれた。

約二週間後に、ビジネス街にある高級ホテルのラウンジで彼と会った。私はひどく暗い雰囲気を漂《ただよ》わせた中年男性を予想していたのだが、まるで正反対であった。若々しい顔つきで爽《さわ》やかな笑みを浮かべ、ハキハキと話し、言葉遣いも洗練されていた。ダブルのスーツ姿も決まっていた。あるベンチャー企業の管理職だという。私は予想との格差に、まず戸惑った。

別の自分――夫の告白

挨拶を交わしてから、彼は唐突に、こんな話をした。

「昨日テレビのドキュメント番組で、多重人格の少女のことをやっていたんですけどね、まあ、僕にちょっと似ているなあと思ったんですよ。いろいろな人格が出てくるんですよね。多いときは一日十人くらいも。それでたとえば、どこに行ったとか、途中で電車に乗ったとか、誰かと食事したとか、記憶がまったくない。記憶がないというのは別の人間が出てきているからなんですよ。男の人格も出てくるんですよ。気を失って目が覚めたら、また別の人格なんですよ。で、今の十六歳の少女に戻ったら、ごく普通の女の子なんですよ。どっから見ても。化粧をしたり携帯を持ったりして。で、あるとき、いきなり変わる。それがまあ、多重人格って言われているんですけど」

「自分と似ているということは、そういう症状があるということなんですか？」と私は質問した。

「いやいや、そこまでの多重人格ではないですよ。微妙なところで違うなと思いました。僕の場合は記憶はあるんです。でも、いろいろな人格がいていつ出てくるかわからないというのは同じかな。それはよく彼女に指摘されました」

「たとえば、暴力をふるっているときとか、そういう人格が出てくると？」

「ええ、そうですね。憶えていることは憶えているんです。たまに記憶が飛んでいるときもありますけど。でも、いつそういう自分になるのか、どうして自分がそんなことをするのかわからない。彼女には、『暴力をふるうときのあなたの表情はすごい形相をしている。普段の表情から考えられない』と言われています。それが恐ろしいって……。僕は自殺未遂も何度かしているんですけどね、同じように別の自分が出てくるんですよ」

今から思えば、これは非常に象徴的な話であった。しかしそのときの私は、いきなりショッキングな告白を聞かされて、ますます戸惑った。水を飲んでなんとか自分を落ち着かせ、その具体的な中身を探ろうと思った。私は心理面も含めて、ＤＶ発生までの具体的プロセスを丁寧に聞き取りたかった。

しかし数十分後には、それが困難であるのがわかった。

彼は非常に高いテンションで、私が質問をする間もないほど滔々《とうとう》と話したが、その大部分は妻への愛情表明であったのだ。「彼女は完璧です」「彼女は僕のすべてです」「彼女がいなければ生きる意味がないんです」……。そういう表現を何度も繰り返した。そしてもう一方で、自分がいかに罪深い男であり猛省しているかも懸命に話した。「僕がすべて悪いんです」「もう二度としないために、僕は努力して絶対に変わります」「だから彼女には戻ってきてほしいんです」……。

いわば精神論である。彼の眼差しは真剣そのもので、本気であることは十分に伝わってきた。私にわかってほしいというよりも、自分自身に言い聞かせているように感じた。おそらく彼の胸中はそれらの思いで一杯であり、全部吐露しないと次の話に進めないだろうと私は思い、ほとんど質問をはさまずに彼の独白にじっと耳を傾けていた。

結局、約一時間半ほどのインタビューはそれで終了した。ＤＶの事実関係が明らかになることはなかった。

妻からのメール

インタビューの最後のほうで印象的な出来事があった。彼の携帯電話に別居している妻からメールが入ったのだ。「あっ、友美からだ」と彼は嬉しそうだった。

「なんて書いてあるんですか？」と私が訊くと、「昨日カラオケに行って歌い過ぎたから、いま喉が痛いって」と彼は素直に教えてくれた。私は意外に感じた。「仲違いしているわりには、ずいぶん親しげなメールだな」と思った。

「そんなふうに頻繁《ひんぱん》にメールのやりとりをしているんですか？」

「ええ。毎日のようにメールと電話はしています」

「じゃあ、そういうメールや電話が来るんなら、奥さんはまだあなたのことが好きで、戻ってくるかもしれませんね」

「もしそうだったら、ほんとに改心して、彼女のためにやり直します。もう絶対に暴力は繰り返しません」

私は知人のカウンセラーの連絡先を彼に渡した。「繰り返さないためにも、専門家に相談したほうがいいですよ。一人だけで抱え込むのはよくないですよ」と私が言うと、「ええ、連絡してみます。カウンセリングを受けてみます」と彼は力強く語った。

私はしばらく間を置いてから彼にメールを送り、駄目でもともとのつもりで妻の紹介をお願いした。この問題には、二人の当事者がいる。もう一方の世界から見れば、まったく異なる「真実」があるかもしれない。だいいち、そちらから聞き取りをしなければ、DVの全貌がわからないのは明白だった。

約一週間後に返事が来た。

実は彼女とメールのやりとりで別れる事となりました。自分のした事、自分の立場を冷静に考えれば、仕方ない事と思ってます。僕の心の中から、彼女の事は消える事なく、僕は永遠に想い続ける事でしょう……。彼女には以前、豊田さんの事はお話ししてあります。直接お電話をして頂ければ会ってくれるはずです。（中略）僕は先日、会社を辞めました。未だ新しい仕事がみつからず、まだ落ち込んだままです。精神状態も安定していません。暫くは一人静かに暮らし、この先の人生をどうするか考えていくつもりです。時は戻らないと分かってても、後悔も無意味だという事が分かってても、考えてしまうのは自分のしてしまった事だけです。僕の時計は止まってしまいました……。（原文ママ）

私は気分が重くなったが、とりあえずその女性、飯塚友美さん（仮名・二十六歳）に連絡してみた。

電話で事情を説明すると、「うまく話せるかわかりませんけど……」と戸惑いながらも彼女は取材を受け入れてくれた。遠方の田舎町で暮らしているということなので、私がそこまで出向くと申し出ると、「いいです、私のほうから行きます。実家に戻ってから一度も都会に出ていないんですけど、久しぶりにいい気分転換になりそうだし」と言ってくれた。

数日後、私たちはある駅前で待合せをして喫茶店で話し込んだ。彼女の第一印象は、信彰さんのときと同じであった。ぜんぜん暗い雰囲気はなく、むしろ人目を引くほど華やかだった。何しろジャンバー、ジーンズ、バッグのすべてが赤色でコーディネートされ、グラビアに出てきそうなほど可愛らしく、信彰さんが「容姿も完璧」というのも頷《うなず》けた。二人で並んで歩いていたら、いかにも都会的なカップルに見えることだろう。

メールの嘘

私は話の切り口として、信彰さんへのインタビューの真っ最中に彼女の携帯メールが来たことを話した。

「どんな内容でした？」と彼女が訊いた。

「カラオケを歌い過ぎて喉が痛いっていう内容と聞きましたけど」

「そんなの送ったかな……。たぶん送ったかもしれないけど、全部適当に作り話をして返事をしていましたから、ほとんど憶えていないんです」

「えっ、嘘だったのですか」と私は驚いた。

「だって私、実家に帰ってからカラオケなんて一度も行ってないですもの。カラオケ行けるような状態じゃなかったんで」

「じゃあ、どうして、ああいうメールを？」

「彼を落ち着かせないと怖いからです。急に離れていくと彼は錯乱状態になってしまうから、徐々に私はフェイドアウトしていくしかないと思って、返事だけはしていたんです。もう頻繁に彼から来るから、嫌々だったんですけど、返事をする間隔を少しずつ少しずつ長くしたり、感情も極力出さないようにしたり。『愛してる』とメールで来るんですけど、そういう言葉を私は絶対返事に書かないようにすると、しばらくして『好きじゃないんじゃないか』と電話がかかってくるんです。でも、私はそれだけは我慢して言いませんでした。そうじゃないと戻らされてしまう不安がありましたから。だから『カラオケ行った』とか軽いので取り繕うのがいちばん楽でした」

「そうだったのですか……。あのメールを読んで僕はてっきり、まだ親密さが残っているのだと思い込んでしまいました。そんな苦労があったなんて……。信彰さんにも『彼女はきっと戻ってきますよ』なんて言ってしまった。申しわけないです」

「彼にもばれないようにしていたから、他の人にそう思われても仕方ないです。気にしないでください」

私はやはり、被害者のほうに聞かなければ絶対にわからないことがあると痛感した。このインタビューに対して、改めて気持ちを引き締めた。

ＤＶの事実関係と彼女の心境を聞いていった。私がまず驚いたのは、彼女が非常に冷静に詳細を語ってくれたことだった。カウンセリングで話し慣れているのかと思ったが、そういう話をするのはこれが初めてだという。

ＤＶに至る経緯——妻の告白

彼女の告白を元にして、ＤＶに至るまでの経緯《いきさつ》をまとめてみる。

ふたりが知り合ったのは職場だった。部署は別だったのでいっしょに仕事をすることはなかったが、フロアの喫煙所でしばしばかち合って雑談を交わすうちに親しくなった。彼女は信彰さんを「すごく優しそうで感じのいい人」と思っていた。週末に映画や食事に行くようになり、おのずと男女の仲になった。

付き合いはじめた頃、友美さんは「遊び」程度の軽い気持ちだった。深入りをしたくない理由は、すでに信彰さんに妻子がいたからである。

ところが彼からのアプローチは日に日に激しくなってきた。仕事用のパソコンに熱烈な思いを書き綴《つづ》ったメールが頻繁に送られてきた。彼のほうが先に仕事を終えると、会社のロビーで彼女をずっと待っていて、待切れなくなると何度も携帯電話に連絡してきた。友美さんはびっくりして戸惑いながらも悪い気はしなかった。会社帰りは彼とのデートを楽しんだ。

一ヵ月ほどの間に、信彰さんは、「実は離婚しようと思っているんだ」と話すようになった。以前から夫婦仲が悪いと友美さんは聞いていたが、それまで他人事《ひとごと》にしか感じられなかった。しかし「離婚」という言葉を聞いて初めて、彼との関係を現実的に考え、急に重々しく感じた。「私と付き合っているときに別れられると、私が原因で別れたことになるし、私、結婚しなくちゃいけないじゃない。ちょっと勘弁して」と思った。

友美さんはその気持ちをはっきり伝えた。「私は責任取れないから」「それだったら、別れるから」とまで言って釘を刺した。しかし信彰さんが早々と離婚手続きを済ませ、同棲を強く迫ってくると、友美さんはあっさりと了解した。付き合いはじめて二ヵ月後のことだった。

「彼がすごく積極的だったし、私も彼が好きであるのは間違いありませんでしたから、『いっしょに住もう』という話になったら、ぽんぽん話が進んで、だんだんと私のほうも、『じゃあ、もう結婚するしかないな』と思ったんです。そんな気、本当にぜんぜんなかったんですけど、理屈じゃなくて、なんかあるときから自然に、私は結婚するほうでしか考えられなくなっていました」

同棲生活は仲睦まじく順調に進んだ。友美さんは退職して家事に専念した。自分自身が家庭向きではないのを承知していたが、信彰さんが仕事に集中できる環境を整えてあげたかった。ワイシャツにアイロンをかけ、レシピを見ながら栄養満点の料理を作り、食卓に料理を並べて彼の帰りを待った。この時期がもっとも平和で幸せだった。このまま籍を入れて、夫婦として家庭を築いていくのが夢だった。

口論

しかしそんな幸福な日々に水を差したのは、金銭的な問題であった。その頃の信彰さんの月給は四十二万円であったが、前妻との約束で二人の子供（当時小学生）の養育費を毎月二十二万円支払わねばならなかった。しかも信彰さんは住宅ローンも抱え、なおかつ多額の借金も抱えていた。友美さんとのデート費用や引っ越し資金などのためにサラ金に手を出していたのだ。

友美さんは同棲生活が落ち着いてきた頃、養育費や借金のことを知らされた。特に養育費の件は、青天の霹靂《へきれき》だった。自分に相談もなく給料の半分以上の養育費を口約束で決めてしまうのが理解できなかった。

給料からそれを差し引き、住宅ローンと高金利の借金返済にも追われ、残った僅《わず》かな生活費で大人ふたりが暮らすのは不可能だった。結局二ヵ月後に、友美さんが養育費を稼ぐために再就職した。しかし彼女の給料を費やしても足りないときがあった。信彰さんは自暴自棄になり、サラ金に手を出して養育費を払った。友美さんは怒りが抑え切れなくなり、「無理にお金を借りてまで払うなんておかしいじゃない。私たちの生活はどうなるのよ！」と信彰さんを責めた。しかし彼はいっさい聞く耳を持たず、「おまえは黙ってろ！」と怒鳴り散らした。以来、毎日のように激しく口論をした。

当初は友美さんのほうから子供たちを気遣い、「○○ちゃんに会わなくちゃだめでしょ」

と彼に言っていた。しかし養育費を稼いでいることの苦しみが増すにつれ、子供たちに対して憎しみが湧いてきた。一度だけ彼に誘われて、子供たちと食事をしたことがあった。会う前は「子供たちと親しくしなくちゃ」と思っていたが、実際に会ってみると、やはりどうしても嫌悪感がこみあげてきた。子供たちは無邪気になついてきたが、彼女は見ているのさえ苦しかった。

「なんでそういうふうになったかと言うと、彼が子供を理由になんでも私に許させようとしたから、どんどん自分の中で『子供嫌い！』っていう感情が大きくなっちゃって。なんでも『子供のため』と言われると、私は認めなくちゃいけないでしょ。彼はそれをわかっていて、子供を理由に私を黙らせようとしたから腹を立てたんです。養育費のために私は働いていたわけだけど、安物の新しい服を買うだけで、『子供はあんな服を着ていたのに』なんて嫌みを言われたら、『私はなんのために働いているの！』って思いますよ。でも、それぐらいのことなら我慢できたけど、前の奥さんにまだ愛情があるかのようなウソをついているのを私が知って、『卑怯じゃない！』って彼を責めると、『彼女の精神状態が良くないと子供に悪影響が出るから慰めたんだ』と開き直って私に許させようとしたんです。それがいちばんつらかったです。だから、子供には会いたくなかったですね。見ちゃうと情が移っちゃう。めちやめちゃ嫌になっていました。最後はすごい憎しみに変わっていたと思う」

変化

口論の種は養育費以外のことにも広がっていった。きっかけがなんであれ、口論はいつでも同じパターンだった。

友美さんは不満があると、自分はどこに不満を感じるのか、自分はどうしたいのかなどを理路整然と話して理詰めで説得しようとした。信彰さんは懸命に反論するが、いつでも途中で説明を放棄して感情的になり、最終的には「男がやると言ったらやるんだから、女は黙ってついてこい！」と怒鳴った。それに対して友美さんは「男、女で決めつけないで。そんなの対等じゃない！」と猛反発した。いったんそうなると話し合いは成り立たなくなり、「ついてこい」と「対等じゃない」の平行線が続いた。

友美さんにしてみれば、「男はこうだ、女はこうだ」と考えている男性は「いちばん嫌いなタイプ」だった。父親がそういう叱り方をするので古風な男女観に嫌気がさしていたのだ。付き合いはじめた頃の信彰さんは、まったく正反対のことを言っていた。そういう話題になったときは、「そういう関係ってつまらないよねえ」と意見が一致した。信彰さんは、「君は素晴らしいよ。僕は初めて、男・女に関係なく、人間として対等なパートナーになれる相手を見つけた」と友美さんを褒《ほ》めちぎった。

「蓋《ふた》を開けてみたら、最初とはぜんぜん違うから、びっくりしました。いちばん好きなタイプといちばん嫌いなタイプが入れ代わったような印象でした。考え方もまったく合わなくて、折り合えるところがぜんぜんありませんでした。あるとき私が、『なんで最初は感心して聞いてたの？』と聞くと、『いや、それがわかったつもりになりたかったんだ。でも、それを自分でやってみてやっぱり無理で苦しくなった』と言っていました。最初は好かれようとして、自分を変えたようにして、別人みたいに私に合わせていたのでしょうけど、どんどん苦しくなってきちゃったと思うんですよ。でも、今さら『男に黙ってついてこい！』って言われたって、私はもともとそういう性格じゃないんで、百八十度変われるわけないじゃないですか。もちろん優しいところもあるんですけど、彼の優しさは、いま私がどうしてほしいのか一生懸命に考えて何かをしてくれる優しさではなくて、『こうするのが男の優しさなんだ』『女はこれをすれば喜ぶはずだ』という思い込みでガーンと押しつけてくるんです。私がぜんぜん違うこと求めていてもお構いなしに。だから、怒るときでも優しいときでも、すごく型にはまっていて極端なんですよ」

前兆

口論が絶えなくなって三ヵ月が過ぎた頃、信彰さんはごく些細なことで、なんの前触れもなく怒り出すようになった。物を壊したり、物を投げるようになった。しかも友美さんが言った憶えがないことをあげつらって、「侮辱した！」とキレるのだった。それは養育費の件にかぎらず、たとえば口喧嘩の最中に「あんたは、腐った男だ」というような汚い言葉で自分をののしったと激怒した。友美さんが「言ってない！」と言い張っても聞く耳を持たなかった。あまりにも頻繁なので、「幻聴が起こっているのかも」と彼女は心配した。

友美さんが理詰めで問い質すと、彼はあからさまに話し合いを放棄するようになった。「思考が止まるんだ！　止めてくれ！」と訴えたり、「君は大学出で頭がいいから、中卒で馬鹿な僕には君の言っていることがわからん」としょんぼりした。それでも友美さんが諦《あきら》めず、わかりやすい言葉をわざわざ使って、「こうでしょ、ああでしょ、ねえ、そうなんでしょ」と説明を求めていくと、信彰さんは「子供扱いするな！」と激怒した。

暴力

初めて物を投げてから約一ヵ月後に、信彰さんはとうとう友美さんの身体に暴力をふるった。口論をして埒《らち》があかなかったとき、彼は凄まじい形相をして彼女の腕を摑み、思いきりねじ曲げた。友美さんが「別れる！」と泣き叫ぶと、信彰さんは急にしょんぼりして、「許してくれ」「もうやらない」「なんで自分はこんなことをするんだろう」と何度も繰り返した。それでも「絶対に許さない、別れる！」と彼女が言い張ると、彼は隣の部屋に閉じこもり、酒を飲んで、何時間も出てこなかった。

友美さんは彼の落ち込む様子と酒癖の悪さを心配するあまり、「わかった、もう二度とやらないなら許してあげる」と声をかけた。すると信彰さんは部屋を出てきて、急に明るくなり、優しくなった。「どっか食事に行こう」「欲しいものを買ってあげる」。友美さんは呆気《あっけ》に取られたが、無邪気な彼に乗せられて気分は上向いてきた。

ところが、それこそ同じパターンの繰り返しだった。口論のたびに信彰さんは暴力をふるうようになった。言葉に詰まると手をあげ、友美さんが非難すると、「おまえも言葉の暴力をふるってるだろ！」と逆上した。彼女は必死に抵抗したが、腕力では太刀打《たちう》ちできなかった。「またするの！　今度こそ別れる！」と叫ぶのがやっとだった。

麻痺

暴力の度合いはどんどんエスカレートした。顔や頭を叩いたり、腰や腹を蹴ったり、壁に身体を投げ飛ばしたりするなど容赦なかった。そして一通りの暴力を終えると同じように「許してくれ」「もうやらない」と繰り返し訴えた。友美さんが許さないと、落ち込んで部屋に閉じこもり、何時間も酒を飲んだ。そしてそのうちに、彼女は根負けして許しの言葉をかけ、彼は過剰に明るく優しくなった。

「付き合いはじめたときに私は彼に向かって『手をあげたら絶対に別れるからね』と言っていたし、最初の頃はポンと叩かれただけでも『許せない！』という感覚だったんですけど、だんだん少々のことでは感じなくなっていました。やっているほうも、やられているほうも麻痺しちゃうんですよ。それに私がすごく困ったのは、暴力をふるわれたほうよりもふるったほうが落ち込むことです。もうほんとに死んじゃうんじゃないかと思うくらい、彼、落ち込むんですよ。暴力をふるわれた私のほうが慰めなくちゃいけなくて。なぜそうしたかと言うと、暴力を受けると怖いでしょ、落ち込まれると今度は心配になるでしょ、だから私が慰めることで彼が立ち直って、すぐに明るく優しくなるなら、私は恐怖や心配から抜け出せるから楽になっちゃうんです」

自殺未遂

最初の暴力から半年後には、些細なことでも自分の意見が通らなければ、信彰さんは友美さんに殴る蹴るの制裁をくわえた。多いときは合間をあけながら夜通し殴りつづけた。

ある晩、「殺してやる！」と信彰さんは逆上して、逃げる友美さんをねじ伏せて首を絞めた。彼女の意識が朦朧《もうろう》としてきたとき、ようやく手が放された。彼女はむせ返り、吐気がして、涙が止めどなく流れた。しかしそれでも終わらなかった。信彰さんは台所から包丁を持ってきた。逃げられないようドアの前にソファを置き、友美さんに包丁を突き付けた。「お願いだから、やめてください」と彼女が土下座して頼むと、ようやく包丁を投げ捨てた。

「彼が首を絞めたとき、包丁を突き出したときの顔は絶対に忘れられないです。物凄い形相でした。普段の彼の表情からは考えられないです。『きっと私は殺される』と思いました。でも、結局私は、あのときだって別れなかったんです。私がいなくなったら、彼は落ち込んで自殺するんじゃないかと思うと、彼と離れるのが怖くて……」

自殺というのは杞憂ではなかった。信彰さんの狂暴性がエスカレートする反面、暴力のあとの落ち込みも激しくなり、実際に彼は自殺未遂を企てたこともあった。

友美さんは当初、『死ぬ死ぬ』と言っても、まさか死ぬわけない」と思っていた。「別れる！」と言い捨てて彼女が初めて家を出たとき、彼は「死ぬ」と自殺をほのめかし、「今までありがとう」とまで口にしたが、彼女は相手にしなかった。しかし友人宅へ向かう途中、念のために確認の電話を入れてみた。彼は電話を取らなかった。何度コールしても出なかった。ようやく彼が受話器を取ったとき、様子がおかしかった。朦朧とした声で、返事がなかったり、話が嚙《か》み合わなかった。「酔っ払っているだけよ」と彼女は自分に言い聞かせたが、いても立ってもいられなくなり、大急ぎで家に引き返した。

ドアを開けると強烈な異臭が鼻をついた。シンナーの臭いだった。彼はそれを飲んだらしく、目を白黒させてのたうち回っていた。血の気が引いた。救急車を呼ぼうとすると、「病院に行くのは絶対いやだ！」と彼が暴れ出したので、水を何杯も飲ませて洗面所で吐かせた。

友美さんの徹夜の看病によって信彰さんは一命を取り留めた。しかしその後も彼は自殺をほのめかしつづけた。暴力に耐えかねて友美さんが家を出ていくと、彼は携帯電話に「もう生きている意味がない」「もう逝きます」などとメールを入れた。電車の踏み切りの前から電話をかけて、「これから線路に飛び込む」と告げた。

友美さんはそれらのすべてを真に受けた。自殺未遂の現場を目の当たりにして以来、「私と別れたら、彼は本当に自殺するんじゃないかしら」と思い詰めていた。『死ぬ死ぬ』と言っても、死ぬわけない」とは決して思えなくなった。暴力に耐えかねて家出をしても、いつでもその不安が激しく込み上げてきた。そして彼からメールや電話が来れば、友美さんは心配のあまり家に戻った。「これから飛び込む」と言われ、実際に踏み切りの音が受話器から聴こえてきたときには、心臓が止まりそうになった。

「お願いだからやめて。帰ってきて」

「あんな滅茶苦茶なことをしたんだから、君に申しわけなくて、帰れない。このまま死んだほうがマシだ」

「許してあげるから。お願いだから考え直して」

「ほんとに許してくれるのか、俺みたいな最低な男を」

「許す、許すから。またやり直せばいいじゃない、ね、そうしよ」

「ありがとう、俺はもう二度とあんなことしないから」

翌朝に信彰さんは帰ってきた。喫茶店で徹夜をして長い反省文を書き上げ、帰るなり友美さんに手渡した。彼女は喜んでそれを受け取った。

しかし依然、暴力の激しさは増すばかりだった。殴られる前に彼女が「ほんとにまたやるの！　あの反省文はなんだったの！」と問い詰めても、いきり立っている彼には通じなかった。終わればまた彼は落ち込み、外で反省文を書いて持ち帰った。

「あの自殺未遂から怖くなっちゃって。『自分はもう逃げれない』というのが頭に凝り固まっちゃって、どこまでも彼といっしょにいなくちゃいけないような気がしていました。家を出て友達の家にいても、メールがきたり電話がかかってくると、怖くてその場にいられなくなっちゃって、飛び出して帰っちゃうんです。いま思えば、彼、本気で死のうとは思っていなかったんでしょうね。自殺を考えるほど反省しているんだとわかってほしい、私に許してほしい、『帰っておいで』と言ってほしい、ただそれだけだったんだと思います。純粋というか、幼稚なんですよ。強く見せなくちゃいけない人には、隙《すき》がないくらい強く見せるんだけど、一回崩れた姿を見せると、とことん崩れた姿を見せて寄り掛かるんです。そうなると手のつけようがないくらい落ち込んでいっちゃう」

転機

友美さんは心身共に疲れ果てた。精神的症状よりも身体的症状が先に表れた。三食摂っているのに体重が激減したり、血圧が急に下がったり、目眩《めまい》で倒れたりした。職場の上司や同僚から「病気なんじゃないか」と心配され、病院で検査を受けたが、「身体機能には異常がない」と診断された。一般内科から心療内科に回されて心理面での問診も受けた。しかし夫の暴力と自殺未遂については一言も触れなかった。

医師のみならず、実の両親にさえ打ち明けなかった。実家では信彰さんのことを「すごくいい人」と褒めちぎっていた。周囲の人たちが彼のことを悪く思う中で、ずっといっしょに暮らしていくのは辛かったからである。

「あの頃はこの情況をどうするかと考えるのに必死でしたけど、自分もわけがわからなくなって、正常な思考が麻痺していました。いっしょにいるのが前提になっていて、選択肢として私が彼と別れるという考えが頭の中にありませんでした。体力も限界に来ていて、もう自分でも無理なのはわかっていたんですけど、なんか、彼をひとりにして自分だけ逃げるのができなくなっていたんです。自分ですることは、なんの考えも浮かびませんでした。暴力がひどくて殺されると思ったときは、警察に通報するという手段もありましたけど、警察に通報すると彼が悪者になっちゃうじゃないですか。それは結局彼と離れるということじゃないですか。だから、それはできませんでした。第三者に相談するのは、まったく私の中でシャットアウトしていましたから」

しかし大きな転機が訪れた。実家に帰ったときにたまたま母親と風呂に入った。娘の身体にいくつもの痣《あざ》を見つけて、「どうしたの!」と母親は驚いた。友美さんはそれまでのように嘘をつこうと思ったが、自然と感情が高ぶってきて涙がぽろぽろと流れ、号泣《ごうきゅう》しながらすべてを告白した。両親は激怒して「絶対に帰るな」と娘に言い聞かせた。父親は信彰さんに電話をかけ、「告訴してやる!」とまくし立てた。しかし友美さんはそれを制止した。

「いくら暴力をふるわれたとしても、私も二十歳を過ぎて自分の責任でいたわけじゃないですか。逃げなかったのも自分の責任ですし、彼を追い詰めたのも私に原因があるかもしれないし。だから、そういう争いはしたくないということで、『告訴はやめてほしい』と父を説得したんです。父もそれ以来触れなくなったから、私を気遣ってくれたんだと思います」

友美さんは、唯一、「帰るな」という親の命令には従った。自分からは決して言えなかったが、心の底ではそれを求めている部分もあった。

呪縛

信彰さんから謝罪の電話やメールが頻繁に来た。「もう二度とやらないから」「今度こそ自分はがんばるから」「帰ってきてくれ」と何度も言われ、そのたびに友美さんの気持ちは揺れた。しかし距離が離れたことで彼女も少しずつ冷静になり、信彰さんの謝罪が虚しく響くようになり、内心では「ああ、この人、だめだ。きっと戻っても、同じことを繰り返すな」と思うようになった。

実家という安全な場所での療養によって、心身共に回復してきた。しかし思わぬ形で彼からの呪縛は続いた。夢に彼が現れるのだった。首を絞められたときの鬼のような形相であったり、殴る蹴るの暴力を受けたり、ひどい裏切り方をされたり、目の前で自殺をされたり……。毎晩、自分の叫び声で何度も目を覚ました。昼間でもときどき、そういう場面が突然浮かんできた。

母親に連れられて精神科に通った。医者から質問をされても、「わかりません」と繰り返した。自ら思い出すのが辛かったし、たとえ言葉にしようとしても混乱してしゃべれなかった。代わりに母親が知っている範囲で説明した。軽い抑鬱《よくうつ》状態と診断され、安定剤と入眠剤を処方された。

「いまだに眠れないんです。薬を飲んでいても眠れないときがあります。彼の夢を見てばっかり……」

私と会ったときも、彼女はそう語っていた。きれいな化粧をして、しっかりした口調で話すので、当初は彼女の疲労に気付かなかったのであるが、それは私が鈍感だったからと認めざるを得ない。

だが彼女は、「ようやく思い出しても辛くならないようになってきました」とも語った。それだからこそ私に、これだけの詳細を告白してくれたのである。「辛くならない」と聞いて私は胸を撫《な》でおろすと同時に、彼女に深く感謝した。お礼を言うと、「これだけ話せたのは初めてなので、逆に自信がつきました。こちらこそありがとうございます」と彼女は微笑んでくれた。

揺らぎ

最後に彼女は、信彰さんの近況を私に聞いてきた。私は正直に話した。彼がひどく落ち込んでいるのを知って彼女は動揺したようだった。別れ話をした直後だっただけに、なおさら気にかかるらしかった。

彼女はしんみりと、こう語った。

「まだ心配になっちゃいます……。結局、私がいたことで、彼の人生が、ひとりの人間の人生がすごく変わってしまったわけじゃないですか。それを思い出すと、自分ではどうしようもできないとわかっていても、なんか自分が逃げたんじゃないかと、いまだにすごい罪悪感に駆られるんです。自分だけ気持ちが安定してきて楽になる一方で、彼がそういうふうに苦しんでいるのを知ると、やっぱり凄い辛い……」

そう語りながら彼女は涙ぐんだ。それまでの冷静な様子が初めて崩れた。

「でも、自分をいちばん大切にしないと。暴力をふるわれてまで人に尽くすことはないと思うんですよ」と私は言った。

「まわりの人はそう言いますよね。でも、やっぱり……。一生、私は罪悪感を持って生きていくと思う。『自分が酷《ひど》いことをされた』という話をすると私が被害者に聞こえるかもしれないけど、やっぱり相手が私であったから彼がああなったのかもしれないし、私と彼だったからこういう事態になったのだと思う。暴力だけみると『された、された』になるかもしれないけど、そうじゃないところで私も彼を追い詰めていたと思うし、結局支えにもなってあげられなかったし……。暴力ふるう人って、本当に一方的にふるう人もいるのかもしれないけど、彼はそうじゃないです。やっぱり私にも非があったと思うところがあるんですね……」

私は何も言葉を返せなかった。「あなたは悪くない」という紋切り型の慰めを言ったところで、今の彼女が受け容れるはずがない。今は彼女のこの揺らぎを、私も静かに感じているしかないと思った。

入信

数日後、信彰さんに再会した。場所は前回と同じく高級ホテルのラウンジだった。私が五分ほど遅れていくと、彼はいちばん奥の窓際の席に座り、背を丸めて本を読んでいた。スーツ姿ではなく、ポロシャツにジーンズという軽装だった。平日の昼間だったので商談をしているビジネスマンたちで活気にあふれ、彼の席のところだけ淋しげな雰囲気が漂っていた。

「こんにちは」と声をかけると、信彰さんはサッと顔をあげて「こんにちは」と微笑んだ。表情はあいかわらず優しげで穏やかだった。

ふと本の表紙を見ると、ある新興宗教団体の教祖が青少年向けに書いた入門書であった。私は思わず「そういう本に興味があるのですか?」と訊いた。

「ええ、実は先日、入信したんです。もともと姉が会員だったんですけど、私も勧められて」

「へえー、そうだったんですか。救いを求めて?」

「そうですね、どん底にいても最後の力を振り絞って。もしそういう気持ちになれなければ、僕は人生で最大のミスを犯していたでしょうね」

「最大のミスって？」

「まあ、自殺か殺人のどちらかでしょう」

私は一瞬、言葉に詰まった。

「人生最大のミスを回避できるほど救いになったのなら、宗教の力はやはり凄いですね」

「まあ、でも、それだけではダメです。いちばん大切なのは、これから人のために生きていく、人に奉仕する、人を幸せにすることです」

この会話を交わしているうちにも、私は複雑な感情に駆られた。すでにぜんぜん別の彼の側面を知っている私としては、やはりその言葉をそのまま鵜《う》呑《の》みにはできなかった。もちろん意図的に嘘をついているとは思えなかった。この場、このときの彼の人格は慈愛に満たされ、本気でそう思っているにちがいない。しかし信彰さんの中に宿っている多面性のひとつがそう語っているにすぎないのだと受け取るに止どめた。

「それにしてもこの人には、いったいいくつの人格があるのだろうか」と私は改めて思った。このままこの人格が語りつづければ、前回のインタビューのように信彰さんのペースにはまってしまう。それは絶対に避けなければならなかった。今回は友美さんから聞いたことを彼にぶつけて、彼の別の人格を探るのが最大の目的であるのだから。

「ところでカウンセリングは受けましたか？」と私は話題を変えた。

「いや、ぜんぜん」

一時はあれほどカウンセリングに期待を寄せていた信彰さんであるが、まるで無関心であるかの様子だった。私は正直がっかりしたが、その気持ちを抑えて、こう言った。

「まあ、焦《あせ》っても仕方ないですしね。カウンセリングは受ける側にやる気がなければ、あまり効果がないと言われているんです。気力が湧いたら行けばいいですよ」

「今は外に出るのも嫌なんです。友美と別れてからは、家に引きこもって、昼夜逆転した生活を送っています。失業保険も切れるから仕事を探さなきゃいけないんですけど、その気力も湧かなくて」

「なんか、すみません、そういう状態のときに取材で呼び出してしまって」

「いや、今日はいいんです。取材を受けるモードに切り換えてきましたから」

「じゃあ、早速なんですけど、質問をしてよろしいでしょうか？　昨日友美さんにお会いして聞いたことを確認したいんです」

「はい、いいですよ」

信彰さんは意外に落ち着いていた。しかし穏やかだった表情は、いくらかこわばったように見えた。

古風な男女観

まず馴初《なれそ》めの頃から順繰りと聞いていくことにした。

友美さんのことを「人生で初めて尊敬できる人」と思ったことについて信彰さんは、「まったく嘘偽りはありません。百二十パーセント本当です」と言い張った。特に「ビジネスパートナーとして最高の人だ」と思ったという。

最初は友美さんの考えていることすべてに心酔していた。男女関係での性別役割を批判する友美さんの話にも共感していた。前妻との不和は彼の古風な男女観が原因だったと気付いていたからである。異常な仕事人間でまったく家族サービスを行わず、帰宅すれば「めし、風呂、寝る」程度にしか話さない彼に対して、妻の不満が鬱積《うっせき》して口論が絶えなくなったのだ。同じ過ちを繰り返してはいけないと信彰さんは思っていたからこそ、友美さんの考えを受け入れて改心するつもりだった。

しかし古風な男女観は本人の予想以上に、彼の潜在意識にこびり付いていた。

「年齢がひと回り以上離れていることや女性ということを考えると、どうしても『黙ってついてこい!』という気持ちになるんですね。それはもちろん、これからいっしょに生活していく中で、いろんなことが起きる中で、まず男として大事な女を守るということです。それをするには、どんなことでもやる覚悟でした。『どんなことがあっても心配するな』『一生かけてもおまえを守っていく』『かならず俺が幸せにしてやる』という気持ちでした」

「そういう男らしいのが彼女には抑圧だったんじゃないかと思うのです」と私は言った。

「まあ、こんな男の能書きなんて彼女は信じないですからね。具体的に今やっていることを取り上げて、それが先にこうなるとは思えないと彼女は理詰めで指摘するんですよ。それをひとつひとつ言われたら、やっぱりね、『やかましい! 黙ってついてこい!』と言いたくなりますんでね」

しかし友美さんはそれでおとなしく引き下がるタイプではない。それは信彰さんがいちばんよく知っているはずである。彼女は理路整然と反論して彼を説き伏せようとした。最初はその聡明さこそが尊敬の対象であったが、同居してから我慢できなくなったらしい。

「彼女は僕なんて相手にならないくらい口が立つんですよ。僕のような高校中退とは違って、彼女は優秀な大学を出ていますからね。しかも口論で大学教授をうち負かしたことがあるくらいなんです。『私の天職は弁護士かな』と言ってましたよ。なんとなく感覚でしゃべる僕に対して、彼女はきちっと理にかなう形で答えを導き出すのを求める。会話が途絶えて、僕が『もういいや』と投げ出しても、彼女はとことんまで追及してくる。人間って『なんとなく』というときがあるじゃないですか。でも彼女はそれを許してくれないわけですよ」

私はさらに具体的な話を聞くために、子供を介在した彼女との関係について質問した。

信彰さんが給料の半分以上の養育費を支払うと決めたのは、明らかにメンツの問題であるようだった。ここでも男らしさの誇示が背景にあった。

「僕が自分勝手に生きてきて子供に何もしてやれなかった罪悪感から、せめて十分な金額を負担してやりたいと思ったんです。月一、二回ほど子供に会ったとき、みすぼらしい服を着ているのを目にすると、『おれが腑甲斐《ふがい》ないからだ』と落ち込みました。男として、父親としてのメンツをかけて、養育費はどうしても自分自身が納得する額にしたかったんです」

「まあ、その気持ちはわかりますが……。でも結局、養育費は友美さんが稼いで払っていたわけでしょ？」

「ええ、彼女には話し合いのうえで助けてもらいました。『子供さんのことを大事に考えてこれからやっていこうね。私もがんばって、子供さんをいっしょに大切にしてやっていくから』と彼女が言ってくれたときは、ほんとに嬉しかったです。そんなことを女に言わす、そんな苦労を女にさせるのは、男として最低なことですけど。そう言ってくれたときに僕は『ほんとにがんばろう』って決心しました」

しかしやはり、実際に養育費を払うことになると、友美さんのほうに不満がたまっていったのだ。信彰さんはそれをどう見ていたのだろう。

「それまで一人暮らしで自由気ままな今どきの子の生活スタイルをしていて、僕といっしょになったことでそういうものまで剝奪された形になったのですから、無理もないですよ。そういう不満が口に出るようになったんです」

私はこの解釈には異議を唱えた。

「でも、その不満より彼女が一番つらかったのは、なんでも『子供のため』と言って許させようとしたことだと聞きました。たとえば養育費のことより、子供のために前の奥さんの精神状態を良くしておきたいから『愛している』と言ったと聞いて、彼女はショックを受けたようです。そのへんのことをどう思いますか?」

信彰さんはタバコを吹かしながらしばらく考え込んだ。

「たぶん、僕が彼女よりも子供を優先することが、彼女には苦痛だったんでしょうね。でも僕としては、本当に『子供のため』を考えて行動していたんです。前の家内がノイローゼというのを知っていましたから、子供たちは僕が守ってあげなきゃいけないという気持ちでしたし、だからたしかに彼女よりも子供を大事にするというのが僕の本音でした。それを彼女は嫉妬したんでしょうね。だんだん子供が邪魔に思えてきて憎しみに変わってきたんでしょう。それで僕が子供のことを気遣うと、『なんでそんなことすんの！』と細かく突っ込んでくるようになったんだと思います。僕としたらそこに介入されるのは、本当に辛かったです」

私はここでいったん冷静になる必要を感じた。ひとつひとつの話は非常にきれいで思わず共感する部分も多いのであるが、しかし全体を通して考えると大きな矛盾を感じないではいられなかった。「子供のため」「友美のため」がコロコロと変わり、結局は信彰さんの自己中心性にまわりが振り回されてきた様子が見えてきた。

DVの実態——夫の告白

話はいよいよ、DVの実態に移っていった。

まず、それまでにも女性に対する暴力の経験はあるかどうか聞くと、信彰さんは前妻にも暴力をふるった経験があると告白した。しかし約十年間に二回である。明らかに友美さんへのDVとは程度がちがう。

なぜ友美さんだとあれほど異常になるのか、そこに焦点を絞って話を進めた。

暴力をふるいはじめた頃の信彰さんは、たしかに精神状態が悪かった。まず仕事面でのストレスが大きかった。不況のあおりを受けて資金繰りが悪化し、さらに彼の判断ミスで巨額の損失が生まれ、不眠症になるほどの神経衰弱に陥っていた。家に帰れば友美さんとの口論が待ち受け、彼女は納得しなければ深夜でも信彰さんを解放しなかった。養育費の問題もますますこじれていた。振り込みがちょっとでも遅れたり、一、二万円ほど足りなかったりすると、ノイローゼ気味の前妻からヒステリックに催促された。

ただ、もちろん、これらは背景にすぎない。暴力の直接的なきっかけは、友美さんの言葉の暴力であると信彰さんは主張した。

「彼女は口が立つだけではなくて、すごくきつい。たぶん言葉で人が殺せるくらいできますよ。いちばんひどいときには、けんかしたときに、彼女が僕に『慰謝料払え』と言ったんです。当然お金ないのも、借金あるのも知っている。『借りれるだけ借りて死ね』と数十回にわたって言われているわけです。罵《のゝし》って、罵って、罵って、子供のことや前の家内のことまでぼろぼろに罵って。まったく別人ですよ。ほんとに怖かった。僕はずっと黙っていました。彼女がほんとに別人になったときには、僕は口を閉ざします。すべて変わる。突然。僕より気の弱い人だったら、死ぬでしょうね。そのくらい別人です。これはごく一部ですけど。彼女のそういう面は僕以外には絶対にわからないですよ」

しかし友美さんによれば、言った記憶がないことまで責められたということである。私はそれを問い質すと、「そういう被害妄想も僕の中にあったかもしれないけど、『慰謝料払え』『借りれるだけ借りて死ね』という言葉は絶対に本当です」と信彰さんは強調した。

もしそれが本当なら、彼が激怒するのは無理もない。いちおう私はこのインタビューのあと、友美さんに確認を取った。「本当です」と彼女は認めた。しかし彼女の話によれば、その前後に凄まじい暴力があったという。

「暴力のあとに落ち込んでいる彼にそう言ったんですけど、あのときは怒りが噴き出してしまって。でもその後、私は首を絞められて殺されそうになったんですから……」

やはり全体像を知れば、両者の暴力性の差は歴然としている。

それにしても私が唖然としたのは、友美さんを非難した直後に、信彰さんは急に優しい表情と声になり、「でも、僕の彼女に対する思いは変わっていないですから。僕の好きだった彼女を胸に抱いて生きていけるほど、まだ彼女のことが好きなんです」と言ってのけたことだった。これをどう理解すればいいのだろうか。

私は多少戸惑ったが、このときは冷静に対処した。「別の顔が出てきたのだろう」と考えて、信彰さんのペースにはまらないように気をつけた。彼には申しわけないが、その言葉を無視して、今度は自殺についての質問に移った。

過去

暴力と交互に自殺未遂を繰り返していたことを確認すると、信彰さんは素直にそれを認めた。

「彼女とはうまくいかないし、仕事も冴《さ》えないし、子供たちの面倒も十分にみてやれないし。ほんとに死ぬことしか考えていませんでした。でも、踏み止まったのは、僕が自殺をすれば、彼女は一生それを背負うわけですから、彼女に迷惑をかけるとか、彼女も悲しむとか、そんなことをいろいろと考えて、それで死にきれない状態だったんです。生きることもつらいし、死ぬこともできない。でも、気持ちはいつも、どうやって死のうかという死に方ばかり考えていました。生命保険をかけて事故に見せ掛けようと考えていたんですけど、いつも衝動的にやってしまうものですから……」

このあと私は、信彰さんの暗い過去を聞いた。そこに彼の問題のルーツがあるような気がした。

彼は建設会社の後継ぎとして生まれ、祖父母や両親から溺愛《できあい》されて育った。彼自身も子供の頃から「大きくなったら社長だあ」と思い込んでいた。将来を約束されていたので勉強を怠り、高校を中退して遊び回っていた。

しかし突如として彼の将来に狂いが生じた。父親が新規事業に失敗して会社が倒産したのだ。借金返済に追われた父親はアルコール依存症になり、脳卒中で倒れて他界した。

「心配ばかりかけた僕は、何も親孝行ができなかったことを非常に後悔しました。僕は父が大好きだったんです。死んでから何年経っても夢に見つづけてきました。父はよく、『大人になったらいっしょに飲みに行こう』と言っていました。せめてそんな簡単なことは、もっと早くに叶《かな》えてあげればよかったと、今でも後悔しています」

父親そして将来の地位を喪失したダメージは、十代の信彰さんを絶望の底に突き落とした。その後荒れに荒れて、繁華街を飲み歩いているうちにヤクザと親しくなった。二十歳のとき、カード詐欺に手を染めて警察に追われた。逃げ切れなくなったとき、自宅のバスルームで手首を切った。血まみれのところを姉に発見されて一命は取り留めた。

「そのとき以来、自殺願望が絶えなくなって。僕みたいなクズは生きている意味がないって思うようになって……」

絶望の底から必死に這い上がろうともした。一年間の刑期を終えて、たまたま就職試験を受けたベンチャー企業の社長に見込まれたのが人生の転機になった。地方の新店舗に派遣され、約二年間ほぼ無休で早朝から深夜まで働きに働いた。好成績をあげて実力が認められ、本社の管理職を任された。

地方にいた頃に結婚もした。一年後には子供が生まれた。住宅ローンで一戸建も購入した。

「僕の人生の中で最高に誇らしげな時代でした。会社がどんどん成長したんで、大卒や資格持ちも入社してくるようになって、僕の部下になったのですから。『僕はなんでもできる』っていう気持ちは段々と強くなりました。僕はすっかり天狗になっていました」

そして本社勤務をはじめた頃、信彰さんは友美さんに夢中になったのである。家族や家を捨ててまで彼女に猪突猛進したのだ。彼は本当のところ、彼女に何を見たのだろうか。何が欲しかったのだろうか。もしそれが獲得できれば、不幸な過去は一瞬にして消え去り、自分は完璧に満たされると思ったのだろうか。

しかし結果的に、信彰さんは満たされなかった。逆に友美さんに強烈なコンプレックスを感じて、ますます苦しくなってきた。それは決して友美さんの責任ではない。彼の友美さんに対する幻想があまりに強すぎたのだ、と私は思う。だが、彼は友美さんへの執着を捨てずに、無意識のうちにも、満たしてくれない復讐を彼女にしていたのであろうか。自分自身に向かっていた自殺衝動の破壊的エネルギーを暴力として友美さんへ向けていった。自傷と他傷の両極を大きく揺れつづける振り子のように。

温度差

信彰さんの過去に対する同情が私の中に芽生えたが、私は取材者としてこのことは問い質《ただ》さねばならなかった。

「失礼なことを言いますけど、友美さんに対して『死ぬ』と言っていた頃は、すべて本気だったとは思えない印象があるんです。あれは友美さんから優しくしてもらいたくて、ときどき演技をしていたんですか？」

彼は憮然《ぶぜん》としてしばらく黙っていた。

「そのときは本気ですね。少なくとも、『死ぬ』と言った瞬間瞬間は本気です。結果的にいつも死にきれないので、演技のように見えるかもしれませんけど。でも暴力のときもそうなんですけど、自分でもなんでそういうことをするのかなんて、本当はわからないんですよ。

記憶がないわけじゃないんですけど、そのときは理性とかはまったくない。終わったあとは、自己嫌悪に苦しむんですけど、また衝動が高まれば同じことの繰り返しです。なぜだかわからないんですよ、わからないですよ、本当に」

信彰さんは淋しげな声で、こう続けた。

「ただ、ひとつ言えるのは、友美と離れればそれはなくなるということです。いっしょにいれば、また繰り返してしまうかもしれない。そのためには別れたほうがいいことだけはわかっています」

「でも、本当は戻ってきてほしいんでしょ」と私は突っ込んだ。

「それはそうですよ、それはそうですよ。尊敬なんてもんじゃなく、彼女は自分ですから……。これで終わりかなと思うと、淋しくて、淋しくて。やっぱり、彼女のことは忘れることはできません。まあ、めめっちいですけども、いつまでもウジウジして。仕事がはじまると気分は変わるかもしれないですけど、ふっとしたときに出てくる彼女への思いが消えることはないでしょう。ふたりで生活した部屋に僕は住んでいますから。まあ気分転換に部屋の模様替えをしたり、彼女との思い出の品が目につかないようにしていますけど……」

突然、信彰さんはうつむいて涙ぐんだ。唇が震えていた。独り言のように、こう呟いた。

「彼女が出ていってから、彼女が着ていた僕のトレーナーを見たら、汚くてシミがついていた……。折り畳んであった彼女のパンツ、破けていた……。そんなんでも僕に対してなんも言わなかった……。そんなものを着ても笑顔は変わらなかった……。ずっと僕のことを見てくれていた……。僕はぜんぜん彼女を見てなかった……。彼女が着ていたトレーナーやパンツに頬をつけて何回も泣いた……。彼女に似合うかわいらしい服を買ってあげるべきだった……。彼女が喜ぶことをもっとしてやればよかった……。ほんとに薄情な人間だった……」

「いま、彼女に偶然出会ったら、どうしますか？　何を伝えたいですか？」

信彰さんは顔をあげて私の目を見詰めた。

「目を伏せてしまうでしょうね。詫びることしかないです。ほんとに彼女に対しては、僕はなんもしてやれなかった。苦しめることしかしなかった。だから、いま僕が彼女にできることは、彼女の幸せを祈ることとしかない。僕が与えた苦しみをすべてとっぱらって、僕と出会う前のもともとの天真爛漫な笑顔が似合う彼女に戻ってほしい、それを毎日祈っています。彼女が幸せを叶える機会を僕が奪ってしまったんですから、二十四、五歳という大事な人生の期間を僕のせいでふいにしてしまったんですから。彼女はそれを取り戻して、僕といるよりもずっとずっと素晴らしい人生を送るよう僕は祈るだけです」

「恨みはないんですね」と私は念を押した。

「まったくありません。今でも彼女のことを考えると泣いてしまうし。彼女に対してしてしまったことの後悔しかありません。ほんとに申しわけないことをした」

目の前で涙ぐんでいる一人の男は、たしかに友美さんが言うように「純粋」に感じられた。この一連の言葉からもそれは伝わってきた。私は彼を信じたかった。

しかし「友美さんがこの話を聞いたら、どう思うだろうか」と考えたとき、私は暗澹《あんたん》たる気分になった。散々裏切られてきた彼女は、間違いなく信じないだろう。それはわかり切った結論である。だから私は、彼女にこの言葉を伝えることさえ気が引けてきた。

それにしても、信彰さんと友美さんの狭間にいて感じられるこの温度差は、いったいなんだろうか。両者の感情のすれ違いにはどういう意味があるのだろうか。それこそDVにおける「加害者」と「被害者」の間に横たわる深い溝なのだろうか。私は彼と別れたあと、神経をすり減らしてクタクタになりながら、この問題に関わることの難しさを痛感した。

意　地

数ヵ月後に信彰さんに連絡をすると、元の自宅に戻り、妻と子供たちと同居を再開したということだった。「前の家内と話し合って、もう一度やり直そうって決めたんです。彼女も僕が傷つけてしまった被害者です。子供たちも被害者です。これから大切にしていかなきゃいけないと思っています」と私に語った。しかしそれでもなお、友美さんへの愛情はぜんぜん変わらないどころか、ますます募っているということだった。そして私にときどきメールを送っては、「もし豊田さんのほうで友美に連絡をするならば様子だけでも教えてくださいますでしょうか？ 気になって頭から離れません。友美は心の命なんです」などと尋ねてきた。

私は返答に困った。そしていま同居している女性が気の毒にもなってきた。

友美さんは友美さんで、順調に回復してきている様子だった。最初の取材から二ヵ月後くらいには、再就職に備えるためにスポーツジムに通って体力を養っていると語っていた。彼女が信彰さんの近況を気にしていたので、元の妻と寄りを戻したことを伝えた。

「『馬鹿じゃないの！』って感じですね」と彼女は怒りをあらわにした。「私があれほど耐えてきたのは、前の奥さんに負けたくはないという気持ちもあったからなんです。『どうせすぐ別れるんでしょ』と言われていたから。『私が耐えてきたのは、いったいなんだったの！』って頭に来ます」

「そうだったんですか……。でも、彼はまだ、友美さんへの愛情は変わっていないと言っていますよ。今の奥さんもなんだか、可哀想な気がします。まさか暴力はふるっていないだろうなあ」

「彼、あの人には暴力はふるわないいんですよ」

「どうしてわかるんですか?」

「だって、自分で言うのもなんですけど、私のことを凄く愛していたから暴力をふるったんです。愛と同じくらい、暴力が激しかったんです。だから、愛せない人にやるはずないじゃありませんか」

友美さんの口調は毅然としていた。私は女性としての意地を感じないではいられなかった。

第2章　「俺のことを愛していないだろ！」

滝口俊介さん（仮名・四十一歳）は、ある男性カウンセリンググループの主催者の仲介で取材を受けてくれた。そのグループのメンバーではいちばん熱心だと主催者は感心していた。DVの加害経験があり、それが原因で離婚の危機に直面しているということだった。

新宿の喫茶店で本人と待合わせをした。私が遅刻して行くと、俊介さんは奥まった席で新聞を読んでいた。七三分けの髪型で、端正な顔立ちに銀縁めがねをかけ、眉間《みけん》に少し皺《しわ》を寄せながら紙面に目を通していた。新聞の種類は、ある経済紙だった。ちょっと近づきがたい雰囲気があったが、声をかけて「すみません、遅れまして」と謝ると、「いえいえ、私もいま来たばかりですから」と穏やかな表情になった。

俊介さんは大手メーカーの技術者だった。第一印象では、極めて真面目な性格に見えた。態度や言葉遣いは、非常に丁寧だった。

DVの実態——夫の告白

私は取材主旨の説明をしてから、単刀直入に「最初のきっかけはなんだったのですか？」と尋ねた。

俊介さんは緊張している様子だったが、カウンセリングで話し慣れているのか、最初から率直に語ってくれた。

「六、七年前のことですけど、私が地方に単身赴任していて、仕事のストレスがすごく溜まっていたんですね。週末に家に帰ってもイライラしていて、家内とすごくぶつかったわけですね。家内のほうも、私のしばらくいない間に、帰ったらこれを言ってやろうというのを溜め込んで待ち構えているわけです。こっちもあんまりイライラするの嫌だから、酒を飲んでパッと寝ちゃいたいわけですけど、枕元にまで家内が来て、ガミガミと言いたいことを言うわけですよ。そうするとやっぱり、逆上しちゃうわけです。家に帰ってきても安らぎがない。仕事で緊張して帰ってきてもそんなふうで悪循環の最たるものだったですよ。東京に戻ってきてからも仕事のストレスは変わらないので、同じことの繰り返しでした。自分の性格上、ストレスを外に出さなくて内に秘めちゃうので、家内にあたってたわけです。私の場合は、物を投げることが多かったですね。ごくたまに直接手をあげたこともありますが……」

「ぜんぜん衝動を抑えようとはしなかったんですか？」

「いや、最初のうちは、『やっちゃいけない、やっちゃいけない』と自分を抑えていたんです。抑えているときは、家内の言うことも無視しちゃうんです。正当に前向きに話をしない。逆に逃げる。家内とやりあえば感情を昂《たか》ぶらせて言い合いをしなきゃならない。そうするとそのうち手が出ちゃうとわかっていますから、そうならないために無視するんです。でも家内のことを徹底的に無視すると、その分あとで一気に爆発して暴力で解決するようになってしまって。だんだんと『もういいや』っていう気持ちになってしまって。家内にしてみれば、私が機嫌良くしているときでも、いつ細かいことで怒り出すか不安だったんでしょうね」

「それがDVだという自覚はありましたか?」

「いや、ぜんぜん。夫婦喧嘩の延長としか思ってなかったんです。正直言って、自分に責任があると考えたことはありませんでしたね。そんなことを二年くらいやってて、家内もその間に二回くらいは実家に帰ったと思うんですよ。で、さすがに私もそういう情況を変えたいと思って、要は仕事のストレスが原因とわかっていましたからストレスの少ない仕事に変わりたいと思ってたんです。ちょうどそのころ異動の話があって、うまく部署を変わることができたんです。以来、だんだん気分も落ち着いてきて、けっこう家内とも仲良く話をするようになっていたんですけど、その矢先に子供の教育問題で大喧嘩してしまって」

「具体的にどういう問題ですか?」

「当時は下の子が小学校で、上の子が中学校に入るという時期だったんですね。下の子は私立に行っていたので、上の子も私立に入れたいと思ってたんですね。年収も十分にあったので、そのままいけば学費の面では問題なかったんですけど、部署が変わったために年収が相当減ったんですよ。私としては生活が最優先で、子供を小学校や中学校から私立に入れるのは贅沢だと考えていたんですが、家内は『実家からお金を借りてでも行かせたい』と言うわけです。実は私は、自分の実家とは確執があって、そういうの非常に嫌なわけですよ。でも、家内としては子供のことで頭がいっぱいでそんなことをまったく理解できないんですね。暴力をふるったらまずいと頭では思っていたんですが、そうこうしているうちにキレてしまって……」

ここまでの話を聞いて私は同情しないではいられなかった。仕事で疲れているのに枕元まで追いかけられてガミガミ言われるのもさることながら、いくら子供の学費のためとはいえ、収入が低いという理由で不仲の親に金を無心されるのは、あまりに酷である。妻の無神経さに怒るほうが自然だ。もちろん話し合いで妻を説得すればベストであったが、私だって同じ立場であるなら、衝動的に暴力をふるわないでいる自信はない。

しかし俊介さんは、このときの行為によって妻から三行半《みくだりはん》を突き付けられたのだった。妻はその直後に子供を連れて実家に帰り、弁護士を立てて離婚を要求してきた。

「家内が出ていったときは、ぜんぜん慌《あわ》てませんでした。最初はいつものことだと思っていたわけです。それまでも家内が飛び出したことはありましたが、こっちから帰ってきてくれって言ったことは一度もないんです。家内から電話がかかって戻りたいと言えば、家内のほうの非を責めて、そのへんを直せばまた一緒に暮らすと私が言い聞かせるという感じでした。やっぱり家内を、なんていうか、やりこめてやろうとか懲《こ》らしめてやろうとか、そういうことで頭がいっぱいになるんですね。家内が出てって連絡が途絶えるとその意識はますます強くなるんです。で、そのときも『謝ってくるだろう』と思っていたら、長い間何も連絡がなくて、その間に子供の受験があったので『受験の結果を知らせてくるだろう』と思っていたらそれもいっさいなくて、ある日突然、弁護士のほうから『奥さんが離婚したいと言っています』と手紙が来たんです」

「それは青天の霹靂だったでしょう?」

「ええ、一瞬で目が覚めました。翌日に弁護士さんのところへ素っ飛んで行ったんです。そして私には離婚の意思がないことを訴えました。そうしましたら、その弁護士さんがその旨を家内に伝えてくれて、しばらく正式に別居して、私の様子を見るということになったんです。さらに弁護士さんは、私が暴力を繰り返さないためにカウンセラーの先生を紹介してくれたんです。それでいま、熱心に通っているわけですよ」

　私は今度は、俊介さんに感心してしまった。たしかに一時期は尊大なところがあったようだが、離婚要求の直後に素直に反省し、相手の弁護士に勧められるままにカウンセリングを受けるとは、まさに希少な存在である。これで本当に暴力を克服したとしたら、加害経験者の鑑《かがみ》といっても過言ではない。

　週末はかならず参加しているというグループカウンセリングの効果について、俊介さんはこう語った。

「まわりのみなさんが同じような悩みを持っている方だから、人の話を聞きながら、『自分はどうなんだろう』と自問自答しています。自分は話がうまくないですから、最後のほうになってやっとまとまった話ができるんですけど、それが非常にいいんです。話すためには自分の頭の中でいろいろ整理しなきゃならないので、整理しきれないこともあるけれども、少しずつ整理して話すことはすごくいい」

　俊介さんがその最中にいちばん考えたことは後述する。とにかくその前向きな姿勢が彼に思わぬ「成果」をもたらしたのである。

私は妻の玲子さん（仮名・四十一歳）にも取材を申込んだ。待合わせの喫茶店に現れた彼女は、濃紺のスーツが似合う落ち着いた雰囲気の女性だった。私が俊介さんに同情を示しているのを察したのだろうか、彼女の表情からは明らかに警戒心が感じられた。たしかに私は彼女に対して良からぬ先入観を持っていた。もちろんこの場で追及する気などなかったが、俊介さんを「追い詰めた」と思われる行為については、彼女の考えをきちんと聞き出したいとは思っていた。彼女にも言い分はあるのだろうから。

しかし私は玲子さんの話を聞きながら、むしろ彼女のほうに同情心を募らせていったのである。

ＤＶに至る経緯——妻の告白

同年齢のふたりは大学のサークルで知り合い、交際をはじめて、卒業直後に結婚した。その頃の俊介さんは、「とても穏やかで優しかった」という。学業や仕事に対しては勤勉で、弱音など吐かずに黙々とこなしていくタイプだった。玲子さんは結婚生活に対して一抹《いちまつ》の不安も感じることなく、専業主婦になり、二人の子供をもうけた。

結婚後の三年間は平穏だった。しかし俊介さんが地方へ転勤になり、家族で引っ越した頃から、俊介さんの様子が変わってきたという。

「何が原因かわからないんですけど、急に黙っちゃうんです。何を言っても。ケンカとかしているわけじゃないんですよ。普通に夕方まで過ごしていたのに、夕食後くらいから黙りこくっちゃって、こちらが話し掛けてもぜんぜん返事をしないか、『うるさい！』と怒鳴るんです。それが最初だったですね。でも、その頃はまだ、次の日になると機嫌は直っていたんです。私も『疲れていたのかな』『機嫌が悪かったのかな』ぐらいにしか思わなかったんですけど、黙っているのがだんだん長引くようになってきまして……」

「どのくらいですか？」

「いちばんひどいときは、二年間くらい続いていました」

「えっ、二年間！　ずっと無視だったんですか？」

「ええ、そうです。ぜんぜん話してくれないんです」

私はひどく驚いた。仕事で疲れた男性が家庭でむっつりして話さないことはよくあるが、最長で二年間というのは尋常ではない。

最初の頃は玲子さんもめげてはいなかったらしい。

「あんまり返事をしてくれないと、こちらもだんだんしつこくなっちゃうんですよ。『返事してよ!』と追い掛けたり」

「枕元まで行ったこともあるんですか?」

「ありましたね。だって最後はそうなっちゃいますよ。ずっと無視をされていると、こちらの精神状態もおかしくなってくるんです」

「まあ、そうでしょうねぇ、あんまり長いとねぇ……」

地方赴任から東京に戻ってきて、数年後に俊介さんだけ単身赴任した。必然的に無視から解放されたので玲子さんは気楽になったが、週末に俊介さんが帰ってくれば同じことの繰り返しだった。「返事してよ!」と追い掛けると、俊介さんは早めに単身赴任先に帰ってしまった。週末に帰ってこないときもあったが、その際も連絡はいっさいなかった。

その頃からときどき暴力がはじまった。玲子さんが無視を責めると、物を投げつけたり手をあげたりした。枕元で「返事してよ!」と言うと、一段と逆上した。玲子さんの布団や枕を寝室から放り出してドアの鍵を閉めたり、寝室に鍋を持ってきて玲子さんのベッドに水をまいたりした。

子供達ともぜんぜん会話をしなかった。子供たちが話しかけても無視をした。そのうちに子供達のほうが父親を避けるようになり、父親がいる週末は子供部屋にこもっていた。週末に父親が帰ってこないと、子供たちはとても喜んだ。

相談

単身赴任を終える頃、玲子さんはひどく憂鬱《ゆううつ》になった。案の定、再び同居をはじめてから暴力はますますエスカレートした。

「DVに最後は理由なんかないんですよ。何もかもが気に入らない。こちらが何をしようと、機嫌を取ろうと、好みのものを揃えようと関係ないんです。だから、彼にしたら言い分があると思うんですけど、私にこう言われたからだとか、私のこういうところが気に入らないとか、たぶんあるんだと思うんですけど、私から見るともう、理由なんか関係ないとしか思えません。『おまえが皿をこう置くからだ』ぐらいのことでしたから」

玲子さんは精神科医に相談した。「旦那さんをすぐに連れていらっしゃい」と言われたので、おそるおそる「一緒に病院に行ってほしい」と頼んだが、逆に俊介さんは「俺をきちがい扱いするのか！」と激怒して通院を拒否した。

俊介さんの両親に相談したこともあった。すると、玲子さんのほうが叱られる始末だった。

「あなたの操縦が下手だからよ」「男の人は外で大変なんだから、奥さんはうまく家庭を切り盛りして休ませてあげるのが務めでしょ」などと母親からねちねち責められた。

夫の印象を悪くしないために自分の両親には相談しないつもりだったが、いよいよ追い詰められたとき、藁《わら》をも摑む思いで実家に相談に行った。最初は「あの真面目な俊介君がそんなことするはずない」と信じてもらえなかったが、具体的に詳細を話していくと、両親はようやく娘の話を信じて父親が話をつけることになった。

父親は穏便に済ませようとしたらしく、「暴力はいかんよ。でも、もし娘に気に入らないことがあれば、君も黙っていないで遠慮なく言いなさい」と穏やかに諭した。俊介さんは「はい、わかりました。きちんと話をするようにします。手荒なことは二度としません」と約束した。しかし事態は何も変わらなかった。その後何度か、娘が子供を連れて逃げてきたので、両親も離婚を意識しはじめた。

我慢

俊介さんの話では、ストレスの少ない部署に移って自ら暴力をやめる努力をしたということだったので、それについて玲子さんに尋ねてみた。すると、彼女は「やめたなんて、いっときですよ」と憮然とした。

「部署を変わっても、まったくやったことのない分野をはじめたので、すでにいた人と差があったと思うんですよ。あと、経済的にもかなりダウンしましたので。そういうことが結局はストレスになって、私のほうに跳《は》ね返ってくるんですから」

「部署を変えたぐらいのことでは治らないということですね。それにしても機嫌がいいときはまったくなかったのですか？」

「機嫌がいいとまでは言えないですけど、爆発のあとは、けっこうケロッとしているんですよ。溜まっていたものが出ちゃって、さっぱりしちゃうんでしょうね。でも、すぐにだんまりが再開して緊張状態に入ってきて、こちらも『いつ爆発するんだろう』と緊張してくるんです。たぶん緊張期に少しずつ怒る男性ならば、それなりに発散できるんでしょうね。主人はひたすら黙っちゃうから、内に内に溜めていっちゃって、爆発が何倍にもなっちゃうんでしょうね。すごく不思議なんですけど、あんまり緊張が長いと、私は『早く爆発してくれないかな』という気になっちゃうんです。いったん黙っちゃったら爆発を待つしかないという感じだったですから」

「でも、そんなことを繰り返していると、玲子さんのほうが心身共に限界に達してきたんじゃないですか？」

「ええ、最後の二年間は地獄みたいでしたから、『もう限界だな』と思っていました。いつ爆発するかビクビクしていたので、包丁を隠したり、いつでも逃げられるように財布や預金通帳を身近なところに置いたりしていました。夜も不安になって、二、三時間で目が覚めちゃうんです。玄関のほうで物音がしただけでビクッとしたり。主人が帰ってくる時間じゃなくて子供がドアを開けたり、宅急便が来たりしただけで、もう怖くなってしまうんです。あと、街中で主人に似ている男性を見ただけで、心臓がドキドキしちゃって止まらないとか……」

「そういう状態で、よく生活をいっしょに続けていましたねえ」

「ずっと自分のほうが悪いと思っていましたから、なかなか家を出る決心がつかなかったんです。主人の母から『あなたの対応が悪い』と言われれば、『あっ、そうなんだ』と落ち込んだり、機嫌の取り方をいろいろ試してみたり……。それから自分で言うのも変なんですけど、私は我慢強いほうなんですね。それが今となっては、我慢強くしすぎちゃって長引かせちゃったと後悔しているんです」

大爆発

しかしとうとう限界を超えるときが来た。例の学費をめぐる騒動が起きたのである。

俊介さんの話からは、玲子さんが彼の説得に応じなかったかのような印象を受けたのだが、彼女はそれを頑《かたく》なに否定した。

「主人から『公立でいい』とか『実家から援助を受けたくない』なんて話は一回も聞いたことがなかったですよ。そういうことをひとつひとつ話せないんですよ、主人は。そういうふうに思っていたのに、私があいかわらず子供を塾に行かせつづけていたから不満を溜め込んでいたんでしょうね。でも、きちんと具体的に話し合いができれば、私だって聞く耳を持ちましたよ。子供が私立に行きたがっていたんで、希望を叶えてあげるにしても、ローンを組む方法だってあるんですから。そういう話し合いがなくて、いきなり『そんな金どこにあるんだ！』『親の援助なんてとんでもない！』になっちゃうんです。それに私のほうから彼の実家に援助を頼んだんじゃないんです。義父のほうから『どうせ金が足りないんだろうから』と気を回して申し出てくれたんです。私にしてみたら、舅《しゅうと》からそう言われて無碍《むげ》にできるわけないじゃないですか。主人は話し掛けても返事もしてくれないから、相談のしようがないですしね」

「俊介さんは実家と確執があったようなんですけど、それはご存じでしたか?」と私は訊いた。

「ええ、それは結婚したときから感じていましたけど、それもハッキリ教えてくれないんですよ。理由がぜんぜんわかりませんでしたので、どれくらい確執が深いのか想像もつかなかったんです。でも、主人は学費のことをきっかけに大爆発したんです」

ある冬の晩だった。玲子さんは長女を塾に迎えに行き、帰ってきて夕飯を食べさせた。休日で家にいた俊介さんはその光景を見て、突然椅子を投げつけた。食卓にぶつかり、皿やコップが砕け散った。玲子さんと娘は急いで子供部屋に逃げ込み、ドアの鍵を閉めた。「出てこい!」と怒鳴ってドアを叩く俊介さんに、「それ以上やったら大声出すから! 窓も開けたから! 警察が来るわよ!」と玲子さんは警告した。俊介さんは「やれるもんならやってみろ!」と居間にある物を手当たり次第に壊しはじめた。パソコンなどもめちゃくちゃに破壊した。玲子さんは家出用に準備していた現金と通帳を持ち、隙をうかがって廊下を走り、娘といっしょに玄関から脱出した。タクシーに乗り込んで実家に向かった。ハアハアと白い息を吐きながら、「もうこれで終わりだわ」と心底思った。

別居

両親には離婚の意思を伝えた。娘から話を聞いた両親は、「もうやり直しは無理だろう」と判断して離婚に同意した。翌日の昼に、俊介さんが出社しているのを見計らって、玲子さんは自宅に荷物を取りに行った。ひとりでは心細かったので、姉に付いてきてもらった。姉はカメラを持っていき、修羅場《しゅらば》と化している部屋の様子を写真に取った。「証拠が必要だ」という父親の指示だった。

弁護士に相談して写真も見せた。「ひどいですねえ」と弁護士は同情を示し、「十分に離婚の理由に値しますよ」と力強く言った。しかし俊介さんと面会したあとに、弁護士は一転して別居を勧めた。「旦那さんは本気で反省していますよ。年齢的にまだ治る可能性はあるので、正式な別居という形を取って、もうしばらく様子を見たらどうですか」。玲子さんは迷いに迷ったが、心の片隅には「できるなら彼に立ち直ってほしい」という思いがまだ残っていたので、最終的にその提案を受け入れた。

弁護士の勧めで夫婦それぞれが心理相談所に通うことになった。玲子さんは徐々に「自分は悪くないんだ」と思えるようになり、心身共に回復してきた。俊介さんの様子は弁護士から聞いた。毎週のようにカウンセリングの内容を書いたレポートを俊介さんは弁護士に提出していたので、それを見せてもらい、離婚するかどうかの判断材料にしようと思った。

「ドメスティック・バイオレンスって、自分たちだけでは克服できないと思いました。やはり専門家の力を借りないと難しいですね。弁護士やカウンセラーの先生から『あなたは何も悪くないですよ』と言われて、私は初めて『えっ、そうなんだ』と思えたんです。暴力ってしょっちゅう起こっていると感覚が麻痺しちゃうから、自分が受けてきた暴力がひどいのかどうかさえわからなかったし、まして離婚の理由に値するかどうか不安でしたから。姉や両親は『誰が見たってひどい』『離婚の理由になるのが当然』と言ってくれるんですけど、『身内だから私のひいきをしているのかな』と、そこまで疑っちゃうんですよ。主人にしても、自分だけで『もう暴力をしない』と思っているだけでは駄目だと思います。そういう意味で、男性専門のカウンセリングに通って、感情の抑え方とか表現の仕方とかいろいろ学んだみたいですね」

両親との関係

以上が玲子さんの話によるＤＶの経緯である。私はここまでの話を聞いて、新たに疑問が湧いてきた。俊介さんの様子がおかしくなった原因を本人は「仕事のストレスでいらいらしていた」と語っていたが、玲子さんの話を通したDVの実態を考えると、もっともっと根深い原因があるのではないかと思えて仕方がなかったのだ。

それを玲子さんに尋ねてみると、彼女はしばらく考え込んでからこう答えた。

「あのー、いま思い出したんですけど、彼、ときどき、『俺のことを愛していないんだろ!』と言って暴力をふるったんです。疑われるようなことを私は何もしていないのに、主人のほうが一方的に『自分のことを愛していない』と物凄く疑ってくるんですよ。『なんで!?』って感じでした」

「その疑いには、根深い原因がありそうですね。生育歴とかも関係しているかもしれない」

「ええ、私もそう思っていたんです。要するに、家族を信頼できる環境で育ってこなかったんじゃないかなと思うんですよ。本当の愛情を親から受けてこなかったから、家族に対する全幅の信頼が持てなかったんでしょうね。幼児教育の先生から『いちばん最初の信頼は親から憶える』と聞いたことがありますけど、主人はそれが欠けているような気がします」

「実際に俊介さんと御両親の関係を見ていて思い当たるんですか?」

「私から見ると、主人の親は条件付きの愛情なんですよ。自分の言う通りにしているときは可愛がっているけど、それ以外は受け入れないっていう感じなんです。あれで育っちゃうと子供は可哀想だなと思いますね。親って唯一、無条件で受け容れてくれる存在じゃないですか。何があっても裏切らないで味方をしてくれるのは親だという安心感があるじゃないですか。主人にはそれがまったくないようなんですね。主人の父はすごくエリートなんですけど、子供に対する期待も大きすぎたんでしょうね」

「世間の基準では俊介さんも十分にエリートじゃないですか」

「父から見たら、とても、とても。だから、主人にも挫折感みたいのがあったのかもしれませんね。直接聞いたことはないですけど」

「そういう環境で愛情不足で育ってきたのが、今になって情緒的な問題として出てきているということかな」

「ええ、愛情を知らない、愛情を信じられないんですから。それをわからせたいと思って、私なりにがんばってきたんですけど、無理だったみたいです……」

玲子さんは淋しそうに目を落とした。私は仕事のストレスという単純な理由だけではないという思いを強めた。もう一度本人に会って、このあたりの話を掘り下げて聞くことにした。

俊介さんに再び連絡をしたとき、事前に両親との関係について聞きたいと伝えておいた。

なるべく多くの記憶を思い出して、考えを整理しておいてほしかったからである。すると意外にも、俊介さんは嫌がるどころか、積極的に同意してくれた。グループカウンセリングの場でも両親との関係について懸命に考えているらしかった。

日曜日の午前中にいつもの喫茶店で待合わせをした。前の晩は三時まで仕事をしていたらしく、ずいぶんと疲れた様子だった。それでも取材を受けてくれたことに、私は非常に重みを感じた。

「グループカウンセリングでは、みなさんが子供の頃のことを話しているので、自分の中からも引き出されてきたんです。完全に封印していたんですけどね」

そう言うと俊介さんは、小さな声で、過去の辛い記憶を語りはじめた。

過去――夫の告白

玲子さんの言う通り、俊介さんの実家は大変なエリート家系だった。祖父が大蔵官僚、父親は民間企業の技術者としてはトップクラスだった。俊介さんはひとり息子なので、ことのほか期待が大きく、厳しい教育を受けてきたという。

「父が古い考えというか、家そのものが封建的な雰囲気なんで、男の子は殴って育てるという教育方針だったんですね。ぜんぜん手加減をしない。本当にはったおされるんです。幼稚園くらいのときに、脳しんとうで失神するくらい殴られたこともありました。母は父に絶対服従という人で、やはり何かあると私を叩いたり、つねったりしていました。でも、今になって考えると、ほんとに教育するために手をあげてたとは考えられないですね。やっぱり父もサラリーマンでしたから、ストレスがあったんだと思いますよ。だから『教育』の名を借りてその捌け口にしたんじゃないかなと。母も姑《しゅうとめ》との関係で悩んでたので、やっぱりその捌け口が私のほうにきちゃったと思うんです」

俊介さんは、ひとつの思い出を語った。家の庭で泥遊びをしているときだった。友達といっしょに泥だんごを作って壁にぶつけていた。俊介さんが投げたとき、勢いがつきすぎて塀を越え、駐車中の車に当たった。その持ち主がカンカンに怒って、家に怒鳴り込んできた。「どうしよう、どうしよう」と縁の下に隠れていた俊介さんは父親に捕まり、何度も平手打ちを食らった。さらに父親は泣きじゃくっている息子を引きずって連れていき、車の持ち主の前で正座をさせ、「謝れ、謝れ!」と頭を地面まで押さえつけた。車の持ち主が「まああ、そこまでしなくても。わざとじゃないんだし」と止めに入ったが、「これが我が家の躾《しつ》けですから」と意に介さなかった。

俊介さんは、感情を抑え込むような低い声で、こう語った。

「なんかこう、いつもビクビクしていましたね。失敗を徹底的に責められるんです。失敗を失敗として認めてくれるとか、許してくれるという大らかさがぜんぜんないんです。普段の会話からしてそうなんですよ。何か言うと、『それは駄目だ』という否定からはじまる。常にどうにもならない。何を言っても駄目だという状況があるんです。私のほうも諦めてしまって、それを打開して話をするということがなかったですね。よく自分の部屋にこもって、『どうしてこんなに、どうにもならないんだ』と泣いていました」

「その体験がどういう影響をもたらしたと思いますか？」

「話し合うことに対して苦手意識がついてしまったですね。とことん話し合って解決したことがないですから、今になってもそれがすごく苦手なんですよ。相手を説得したり自分が折れたりしながら、冷静に物事を決めていくというプロセスができない。職場は技術畑ですから、会議でも感情が入ることなく進んでいくので楽なんです。しかし家族との関係で感情が入ってくると、どうすればいいのかわからなくなってくる。感情のコントロールの仕方なんかもわからなくなるんです。それで結局は、煩《わずら》わしくなってくると、自分がされてきたのと同じことを家内や子供にしていたんじゃないかなと自覚するようになったんですね。たぶん父も祖父からやられていたことを私に繰り返していたんでしょう。それが私の実家では当たり前という雰囲気でしたから。しかし家内の実家はまったく正反対ですから、家内の感覚かrらすればとんでもないことだったんでしょう」

玲子さんの両親は共に教師で、常に話し合いをする対等な関係を築いていた。子供たちとの話し合いも決して怠らなかった。父親が暴力をふるったことは一度もなく、「暴力は最低の人間がやることだ」と子供たちに教えていた。玲子さんはそういう民主的な環境でコミュニケーション能力を養ってきたのだった。

俊介さんもその差異をこう認めていた。

「黙っていることは、私にとってはぜんぜんつらくないんです。慣れていることですから。でも、家内は苦しかったでしょうね。みんなが明るく伸び伸びして、よくしゃべって、いつも笑いがあふれるような家庭で育ったんですから」

家族愛に対する不信感

俊介さんは進路においても、親から認められたことはなかった。父親と同じ理科系を選択したが、父親の母校である東大には合格できなかった。両親は「そんなところにしか行けないのか」と落胆を隠さなかった。進学や就職のお祝いをしてもらったことは一度もなかった。

「親からの愛情を感じたことはありませんね」と俊介さんは言い切った。

私は、玲子さんに対して「俺のことを愛していないだろ！」と暴力をふるったときの心理状態についても尋ねた。

「たしかにそういう疑いが常にあって、何度か疑いが強くなるあまり暴力をふるったことはありました。『自分が見捨てられるんじゃないか』という不安かもしれません。家内から『あなたは家族の愛を信じていない』と指摘されたことがあるんです。グサッと来ましたね、図星でしたから」

「玲子さんはそれを伝えたくて努力したとおっしゃっていましたよ」

「そうかもしれませんね。私のほうに家族愛に対する不信感がこびりついているものですから、気付かなかったのか、あるいは気付いても受け止めなかったと思うんです。どこかで『嘘だ』というような気がしてしまって。だから、私が暴れて家内が家を出た直後も、私のほうが『ほら、みろ、俺を見捨てたじゃないか』みたいな被害者意識に凝り固まってしまったんです」

「家族愛を確かめるために、暴力をふるったのですか？　玲子さんが耐え抜けば、それが確かめられるというふうに」

「あるかもしれません、無意識ですけど……」

私は俊介さんに憐れみを感じないではいられなかった。子供の家庭内暴力では、親を殴る動機として「それでも親が自分を愛してくれるか確かめたかった」という話をよく聞く。いや暴力だけではなく、親に対するあらゆる反抗的な態度や、万引や売春などの非行においても、「それでも親は自分を見捨てないんだ」という確信を得たくて「実験」をしたという子供は少なくない。それを得たときの安心感は、子供の大きな成長の糧《かて》となる。しかし俊介さんは、完全にその機会を奪われてきたようだ。そして無意識のうちにも、玲子さんを「親代わり」にしたのかもしれない。

玲子さんが私にこう語っていた。

「娘が突然、『お母さん、私が人を殺したとしても、お母さんは私の味方になってくれる?』と訊いてきたことがあるんです。私は『もちろんよ』と答えました。それから何年かのちに、娘が『あのときお母さんが「もちろんよ」と言ってくれたから、辛いことがあってもそれを思い出してがんばってこれた』と言ったんですね。私は忘れているようなことだったんですが、娘にとってはすごく大事なことだったみたいなんです。何があっても親は味方をしてくれるという全幅の信頼感ですよね。それが私、家族だって思うんです」

こういう家族愛はたぶん、玲子さんが親から授かったものだろう。同じように親から全幅の信頼感を受けてきたのだろう。だからこそ娘に伝えられるし、娘のほうも純粋に感じ取ったにちがいない。果たしてこの家族愛が、俊介さんの枯渇した心を潤《うるお》していくのは、もはや不可能なのだろうか。私はそのことでしか、彼の本質的な回復はあり得ないと思った。

失望

だが、いよいよ家族崩壊に直面したとき、俊介さんは自分なりに最後の賭けに出たのだった。

学費騒動後に玲子さんが家出をしてから、俊介さんは自ら実家に赴き、父親に事情を説明して「お金を貸してください」と頭をさげた。「親父からは借りるな」「公立にしろ」と言い張ってきたのを撤回して、妻と娘の希望を叶えたかった。それによって家族崩壊を食い止めたかった。

しかし父親は離婚話が出ているのを知って、「離婚するような奴に金はやれん」と息子の懇願を一蹴した。俊介さんは心の底から父親に失望した。怒りで身体をぶるぶると震わせ、ドアを蹴りつけて実家を出た。

「ほんとに最後の最後の手段で、泣きついていったんです。どうしようもなくて、本当に助けてほしくて行ったんです。親父に頼み事をするということ、しかもお金を借りるということは、これ以上ないほど嫌なことなんですけど、致し方なかったんです。でも、助けてくれなかった……」

「もしそこでお父さんが親身になってくれたら、ずいぶん親子のつながりは深まったかもしれませんね」

「親父もそれはわかっているんでしょうけどね。そのとき立ち会っていた姉から聞いたんですけど、私が帰ったあとに、親父が『なんであんなこと言ってしまったんだろう』と後悔していたらしいんです。だからたぶん本心では、助けたいという気持ちがあったんでしょうけど、『こんなこと簡単に認めちゃ、男の威厳がすたる』『息子が泣きついてきて、ハイハイと助けてしまうのは威厳ある父親のすることじゃない』というようなメンツが邪魔をしたんじゃないかと思うんです」

「お父さんも自分をさらけ出せない、自然な感情を表現できないということですか……。男の病ですね」

「そういうことです。それが代々続いているんですから、私なんか、その成れの果てですよ……」

俊介さんは自嘲気味に笑った。私は返す言葉が見つからなかった。この人は一生涯、この苦しみに苛《さいな》まれつづけなければならないのだろうか。そう思うと、なんともやりきれなくなった。

会話

しかし別居から半年後、俊介さんの心の闇に光が差し込んだのである。

学費騒動のあとに一度も再会することなく、別居生活ははじまった。俊介さんがワンルームを借りて、玲子さんと子供たちは自宅に戻った。互いにまったく連絡を取らなかった。

その間、前述したように、俊介さんはカウンセリングに熱心に通いつづけた。いろいろな心理療法を試みたが、いちばん効果を感じたのは、「妻になって自分に語りかける」という設定のロールプレイだった。玲子さんの立場になったのを想像して、椅子に座っている俊介さん役の男性に、「あなたはこういう人だ、ああいう人だ」「あなたの暴力はこんなに怖かった」などと話しかけた。なかなか言葉は湧いてこなかったが、玲子さんの視点から見える自分の人間像がおぼろげながら立ち現れてきた。

そういうことを繰り返しているうちに、だんだんと玲子さんに再会して、実際に会話がしたくなってきた。ゴールデンウィークの祝日に「連絡してみよう」と決心して、自宅付近まで赴き、公衆電話から連絡した。「ちょっと話がしたいから出てこれないか」と言うと、玲子さんはしばらく黙り込んでから「ちょっと考えさせて」と返事を保留した。彼女はさっそく両親に電話をかけて相談し、母親から「自分で決めなさい」「会うなら、絶対に外にしなさい」と言われて、迷った末に喫茶店で会うことにした。

互いに目を合わせられないほど恥ずかしく、ガチガチに緊張して、重々しい沈黙が続いた。そのうちに玲子さんは堰を切ったように、自分がどれほど苦しかったかをしゃべり出した。俊介さんは神妙な顔をして、じっと耳を傾けていた。

「私の三十代を返してよ」と玲子さんは涙ぐんだ。「どこにも行かない夏休みが何年続いたの。機嫌良く運動会や学芸会に行ってくれたこともないじゃない。子供がいちばん可愛い盛りに、家族四人で楽しんだ思い出がないじゃない。失った年月って戻ってこないのよ、子供が小さい時期は戻らないのよ」

この言葉を聞きながら、俊介さんは心底反省したという。どれほど言葉を並べても、謝罪に値しない気がしたという。

　しかし玲子さんが二時間ほどひとりで話したあとに、彼もぼそぼそと語りはじめた。自分なりに懸命に、自分の暴力性と向き合って考えつづけてきたことを伝えたかった。その中で初めて、親から受けてきた暴力について告白した。

「自分の暴力がすごく根深いところから来ているような気がするんだ。『君のことが気に入らない』というのは言い訳にすぎなかった。暴力を繰り返さないためには、もっと根本的なところで、徹底的に自己分析しなきゃいけないと思っている。特に代々受け継いできたことは、よほど意識していかないと、解消できないような気がしている。苦しくても、がんばるから」

　眼鏡の奥の瞳が潤んでいた。玲子さんはその瞳を見詰めながら、大きく頷いた。自分の瞳からもぽろぽろと涙が流れた。

　このときの心境をふたりはこう語る。

「十何年夫婦をしていて、家内とそれだけ集中的に話したことは初めてでした。自分のすべてをさらけだしたって感じです。それまで上辺《うわべ》だけの話ばかりで、本質的なことは避けていましたから。特に子供の頃の出来事は、黙っていればわかんないし、これからの人生においてもそんなことを蒸し返す必要はないと思ってたんですけど、あのとき話せて本当に良かったです。何か凄く気持ちが落ち着いたというか、それまでにない安心感を得られたような気がしました」(俊介さん)

「十何年間、ふたりで突き詰めて話したことはなかったんです。主人は自分のバツの悪い話になると、黙っちゃうか、暴れるかの繰り返しでしたから。でも、あのとき初めて、主人から受けてきた私の苦しみが伝えられたし、主人のほうも何に苦しんできたのか伝えてくれたのは、ほんとに大きな転機になりました。主人が子供時代に暴力を受けていたことは『可哀想だなあ』と思いましたね。加害者であると同時に被害者でもあるとわかったんです。親かららそんなことをされてきたとか、そういう両親を見て育ったとか、深い心の傷を受けてきたんですよね。でも、それを話してくれたあとに、主人の表情が明るくなっていく感じがしたんです。すごく嬉しかったですね」(玲子さん)

新居

それ以来、週に一回は喫茶店で会って話し込んだ。緊張が溶けて、少しずつ打ち解けあっていった。子供たちが夏休みに入り、「みんなでプールに行こうか」と俊介さんが提案した。

玲子さんは即座に賛成した。中学生の娘たちは嫌がったが、玲子さんが熱心に説得して連れていった。

帰りに家に送っていったとき、そのまま車で帰ろうとする俊介さんに、「クーラーが壊れたから直して」と玲子さんは頼んだ。別居後に初めて自宅にあがることを許された。

具体的に同居の話をしたのは、その晩だった。互いに不安はあったが、やり直したいという気持ちのほうが上回った。玲子さんは、同居の条件として、引っ越しを提案した。心機一転するために、ＤＶの苦しみに満ちていた家は引き払いたかった。

「あの頃のことを思い出すものは、なるべく置いていきたかったんです。家だけじゃなく、そのとき着ていた洋服とか、その頃の写真とか、ぜんぶ捨てちゃいました。見れないんですよね、やっぱり、思い出してしまって」

このことの重みを俊介さんは謙虚に受けた。引っ越しに賛成し、新居を見つけ、再び同居をはじめた。やり直すことの難しさは俊介さんも玲子さんも十二分に承知している。しかしふたりは再出発に賭けた。

同居直前の俊介さんに会ったとき、「二度と暴力を繰り返さない」という決意がひしひしと伝わってきた。私は「家族の愛情を信じられますか？」と尋ねた。彼は私の目をまっすぐに見詰めて、こう答えた。

「ええ、たぶん。逆説的ですけど、私は一時的にもひとりになったおかげで、家族のこと、自分のことを真剣に考えて、家族の愛情を感じることができたんです。だから、これからもひとりの時間は大切にしようと思います。揺らぎそうになったとき、家族に怒りを向けるのではなくて、自分からひとりになって冷静に考えてみれば、家族の愛情がよくわかってくるんではないかなと思うんです」

第3章　「俺は絶対に反省しない」

大平和人さん（仮名・三十一歳）は自ら私に連絡をしてきて、「ＤＶがあって離婚直前なんです。ぜひ僕の話を聞いてください」と請願してきた。

電話である程度の話を聞き、共感を示せるかどうかは別であるが、ライターとしての興味は湧いてきたので、和人さんに会うことにした。あるデパートのエレベーターホールで待合せをしたのだが、なかなかそれらしき男性は現れなかった。憔悴《しょうすい》したようなかぼそい声から推測して、青白い軟弱タイプの男性だろうと思っていた。しかし背後から「豊田さん」と声をかけてきた男性は、ふっくらとした健康的な顔、熊のように大きな体格、タンクトップ・短パン・サンダルという超軽装で、ガムをくちゃくちゃ嚙んでいた。

「僕のこと、憶えていませんよね？　五年ぐらい前に豊田さんの講演会に行ったんだけどなあ。終わったあと、少し話して、住所も教えてくれたから、イベントの案内も送ったんですけど」

私は「えーと、そうでしたっけ……」と彼の顔をしばらく見て、「あっ、あのときの」と思い出した。「そういえば、いろいろ送ってくれましたよね。一回も行かなくて、ごめんなさい。興味はあったんですけど、ぜんぜん都合が合わなくて」。

本当に興味はあった。彼が所属しているＮＧＯ（非政府民間開発協力団体）は、先鋭的なイベントを盛んに開催していた。彼はその主要メンバーだった。何度か直筆の手紙で私を誘ってくれたのだが、残念ながら行かれずじまいで、そのうちに案内が来なくなってしまったのだ。

しかしその彼が、こともあろうにＤＶの加害者として再び接してくるとは、なんとも意外だった。考えてみれば、それだけ誰もが直面するかもしれぬ問題なのだろう。

私たちは屋上のビアガーデンに行った。大ジョッキを豪快に飲みながら、和人さんは現在までの経緯を語った。

ＤＶに至る経緯——夫の告白

彼が妻の理沙さん（仮名・四十一歳）と出会ったのは、四年前のイベントのときだった。実行委員の和人さんがチラシの片隅に「食べ物の持ち込み大歓迎」と書いておくと、理沙さんは「お菓子を作っていきます」と事前に連絡をしてきた。和人さんは「ずいぶん几帳面な人だなあ」と思った。当日理沙さんはヨチヨチ歩きの子供を連れてやってきた。彼女の手作りケーキやクッキーを会場で回すと、みんな喜んでいたが、彼女自身は片隅でぽつんと座っているだけだった。子供は和人さんになついて遊んでいたが、結局理沙さんとは会話しなかった。

その後もイベント会場でちょくちょく顔を合わせた。あいかわらず彼女は近づきがたい雰囲気だったが、子供は和人さんのことを憶えていて大喜びだった。そのうちに彼女も和人さんと親しく話すようになった。笑顔も見せるようになった。心を開いてくれたことに和人さんは喜びを感じた。

数ヵ月後に理沙さんのほうから「おもしろいイベントがあるんだけど、ベビーシッターをやってもらえないかしら?」と声をかけてきた。もともと子供好きの和人さんは即答でオーケーした。子供を連れて三人でイベントに行き、和人さんが子供の面倒を見て、理沙さんも御満悦だった。

イベントのときだけではなく、ときどき理沙さんの家まで赴《おもむ》いて子供の相手をした。彼女は離婚後に実家で暮らしていた。高級住宅地にあるレンガ造りの邸宅だった。風呂なしアパートで暮らしていた和人さんにとっては、まさに雲の上の生活だった。彼が来るたびに理沙さんは手料理をふるまった。和人さんは子供にスプーンの使い方を教えながら、いつでも腹一杯に食べた。

「その頃は彼女に気があったんではなくて、本当に子供が可愛くて付き合っていたという感じ。ベビーシッターをやっているうちに、だんだん子供に情が移っていったんだ。すごくなついてくれて、俺の名前を呼んでくれるから、可愛くて可愛くて。ほんとに彼女よりも子供に夢中だったんだ」

しかし徐々に彼女に対する気持ちがハッキリしてきた。決定的だったのは、工場の作業員が本職である和人さんが遠方に出張し、四ヵ月後に再会したときだった。三人で出掛けたとき、理沙さんの知人に会い、「お父さんなの？」と訊かれた。和人さんは即座に「違います」と答えたが、心の中に複雑な感情がよぎったのを自覚した。

「『違います』と言うのに、すごい罪悪感があったんだ。そのときに、こういうふうに三人で遊びにいく環境を崩したくないなあと。いつも三人でどっかに遊びにいけたらいいな、毎日いっしょにいれたらいいなってね。その頃から俺の中で、彼女と付き合っているという認識が出てきた。彼女に対する興味もどんどん湧いてきて、それまで年齢もはっきり知らなかったんだけど、十歳年上とか、出産後に離婚したことなんかも聞いて。彼女もそれまで隠していた感じだったけど、話してくれるようになって」

花見に三人で行ったとき、以前と同様に「お父さん？」と訊かれ、今度はすかさず「うん、そう」と答えた。酔っ払っていたので説明するのが面倒臭いという理由もあったが、どうしても「家族」ということを言い張りたかった。一回それができれば調子づいて、子供を連れ回しては「俺の子供」と吹聴しまくった。理沙さんのほうはむきになって否定していたが、和人さんには本気で怒っている様子に見えなかった。

以後、和人さんはますます積極的になり、ついに「いっしょに住みたい」「結婚して」とプロポーズした。理沙さんはきっぱり断わったが、何度も言われているうちに態度を軟化してきて、プロポーズから半年後に入籍した。

勘違い？

ここまでを一気に話し終えて、和人さんはビールをぐいぐい飲み、大きな溜息をついた。

「結局、勘違いだったんだよ。あーあ、そうそう、勘違い、勘違い。彼女に対して俺が一方的に思い込んじゃったのが大きな誤りのはじまりでねえ」。そう投げやりに言うと、彼は三つの「勘違い」を説明した。

まず一つ目。

「彼女は親にいじめられているんだ。そういうニュアンスで話していた。『実家から出れるなら、どこでもいい』と言っていた。だから、俺と結婚すれば、彼女のためになる。早く親元から出してあげたい」

そして二つ目。

「彼女は脚が悪いから、まともな職に就けない。体力を使う仕事はできない。だから収入を得るのが難しい。その手助けをしたい。俺の稼ぎは少ないけど、なんとか彼女と子供のために役立てたい。三人でいるほうが、俺も飲み代を節約して出費が減るしな」

さらに三つ目。

「彼女は常識とか普通とかは好きじゃない。だから、俺と相性がいいんだ。常識的な当たり前のことに変にこだわる人じゃないから、俺といっしょになっても平気だ。俺は『変わり者』とよく言われるけど、彼女はそれを個性として尊重してくれている。最高のパートナーだ」

和人さんはそういう思いを強くして、幸せな結婚生活を夢見ていた。

ぎくしゃくした関係

しかし入籍直後から、和人さんの思惑とは正反対の方向に進んでいった。精神的に満たされていればアパート暮らしでもいいと彼は思っていたが、理沙さんの父親は一軒家を買い与えた。一括払いだった。名義人は娘にした。北陸の田舎町出身の和人さんは東京に一戸建を持てるなんて夢にも思っていなかったが、胸中は複雑だった。彼女の両親から借金をする形にして分割で返すことを条件に、家の名義には自分も含めてほしいと頼み込んだ。実際、自分の給料で返済可能と思える、築二十年以上の物件を探してきた。しかし名義の申し出は却下された。理沙さんも両親のほうに従った。彼は仕方なく男のメンツを捨てて、義父が購入した妻名義の家に入居した。

しかし一難去ってまた一難である。理沙さんは「すぐには移らない」と言い出した。理由は「今の保育園を気に入っているから、一年後の小学校入学まで実家に住んで通わせたい」ということだった。新居は彼女の実家からは遠く、転居すれば保育園は変えなければならなかった。すぐにでもいっしょに暮らしたくて入籍をした和人さんであったが、話し合いの末に「子供のためになるなら」と了解し、彼ひとり新居に引っ越した。一軒家での一人暮らしは、すごく淋しかった。週末だけ理沙さんと子供が通ってくるので、首を長くして待っていた。

ところが、週末の家族水入らずの時間さえ、ぎくしゃくした関係になってきた。理沙さんは家に来るとかならず和人さんにクレームをつけた。主に部屋の片づけのことだった。和人さんは彼女のクレームをほとんど無視した。彼にしてみれば、自分で家の中を機能的に整理していつもりだった。物を捨てないたちなので荷物が大量にあったが、それらはすべて思い出にあふれた大切な品物だった。しかし理沙さんには、単なるガラクタを散らかしているとしか見えなかったらしく、和人さんがいくら説明しても聞き入れなかった。いつも口論になったが、最後は「じゃあ、出ていけばいいじゃない」と理沙さんは言い張った。それを言われると、和人さんの立場は弱かった。

ストレス

月日が経つにつれ、夫婦関係はどんどん悪化していたが、いちおう約束通り、一年後に理沙さんと子供は引っ越してきて同居をはじめた。彼女の提案で、子供も含めて各自が部屋を持つことにした。寝室は作らず、別々に寝ることになった。自分の部屋には自分の持ち物しか置かないことを家のルールにした。和人さんは二階の部屋を使うことになったが、彼の大量の荷物もそこに全部持ち込まなければならなかった。和人さんが理沙さんの部屋に入るのは許されなかった。「私の持ち物には絶対に触らないで」と釘を刺された。

「俺を居候《いそうろう》みたいに扱うんだ。『ここはあんたが使っていいわよ、しょうがないからね』みたいな感じで。疎外感がすごく強くなってきた」

和人さんと子供の関係は非常にうまくいっていた。同居してからべったりだった。食事を終えて、子供と食器を洗いながらテレビを見て、風呂に入って子供を寝かしつけた。子供といっしょにいるのが純粋に楽しかった。理沙さんは食事が終わると、さっさと自分の部屋にこもって何時間も出てこなかった。家族団欒《だんらん》をしないことに、和人さんは不満だった。

理沙さんと子供の関係はあまり良くなかった。彼女は子供にもすごく厳しかった。和人さんはときどき見るに見兼ねて子供をかばった。朝はいつでも、下の台所から子供を叱る声が聞こえてきて目が覚めるので不愉快だった。

「子供と俺が共同戦線を張ったという感じだったかな。だいたい部屋を自由にしないというのが、まずいと思ったわけ。彼女が部屋にこもっちゃうとか、そういうの、すごくよくないからさ。家族がまわりにいる感覚がない生活じゃない」

和人さんはストレスを溜め込みすぎて、胃のあたりに異物感を感じるようになった。早くも「彼女とはもうダメかもしれない」と思いはじめた。理沙さんのほうも明らかに情緒不安定になっていった。和人さんが彼女の指示・要求に反発して冷たい態度を取ると、ひどく感情的になり、「私のことを愛していないんでしょ!」と責め立ててきた。ある晩は、あまりに感情がエスカレートしたらしく、和人さんに包丁を突き付けて、「私を愛してるの?」「愛してるって言って！」「言わなかったらあなたを殺して、私も死ぬ！」と泣き叫んだ。和人さんは包丁を取りあげようとしたが揉み合いになり、危ないので和人さんが逃げると、彼女は包丁を持って威嚇《いかく》した。結局、和人さんは玄関から追い出された。この頃から飲み屋で理沙さんのことを愚痴るのが習慣となった。

「彼女の『愛されて当然だ』『愛していたら私の言うことを聞いてくれて当然だ』という態度が、だんだん激しく表われはじめたんだ。そんなことになっても、俺の中には、優しく尽くしてくれる彼女が存在していたんだけど、それは幻想でしかなかったのかと悔しくなってきた。結婚したらぜんぜん違っていたんだもん。彼女から言わせると、俺がしつこいから結婚したと言うんだけど」

発　散

和人さんは我慢に我慢を重ねていたが、とうとう一線を越えてしまった。

テレビの配置が気に入らないとクレームをつけられたとき、彼はなぜか笑いはじめた。気が狂ったような甲高《かんだか》い声で、ひたすら笑いつづけた。なぜそのような行為をしたのか自分でも理解できなかったが、そうしないではいられなかった。理沙さんは部屋に駆け込んできて、

「気持ち悪いからやめて!」と叫んだ。その瞬間、和人さんは彼女を殴打した。叩いても叩いても気が済まなかった。鬱積した感情がどんどん噴き出してくる感覚だった。理沙さんが倒れこんでも馬乗りになり、拳で叩きつづけた。抵抗していた彼女は全身を硬直させ、まったく動かなくなった。

「たぶん彼女が恐怖心を持ったのはそれからだと思う。それからことあるごとに俺は、奇声を上げる、ベッドや床にあたる、襖を蹴飛ばす、それから彼女を叩くという行為を繰り返すようになったんだ。癖になってしまったみたい。他にやり場がなかったんだ。家を出れば鍵を閉めて一晩中入れてくれない。飲み屋でちょっと気晴らしして くれば済むのを彼女は理解できないからね。話もちゃんとできない。話し合いに応じてくれないからね。この辛さ、わかるかなあ」

当初は反省の気持ちもあったが、だんだんと開き直っていった。すると、開き直るにつれて、胃のあたりに感じていた異物感が消失していった。怒りを溜め込んでいたストレスが発散されたうえでの「治癒」であるのは明らかだった。

もはや和人さんの暴力を止めることは誰にもできなかった。彼自身がふと冷静になったとき、この先の自分の行為を心配し、刃物と鈍器は自分のまわりに置かないようにしていたくらいだった。

「正気の人がする行為ではないんだけど、止めることができないというか、むしろそうすることでしか彼女といっしょにいる時間をやり過ごすことができなかったんだ。それがなければ、彼女はまったく違った対応をしてくれたのかもしれないけど、俺には無理だったね。抑圧から解放される手段を何も持っていなかったから」

別居

ふたりの関係にとって決定的な暴力が二度あった。

子供の勉強机が届いたときだった。和人さんは引き出しの鍵を預かることにした。何事も隠さずにオープンにするのが彼の教育方針であったからである。子供部屋の扉も取り外して、オープンスペースのように使わせていた。しかし理沙さんは対照的に、子供であってもプライバシーは尊重してあげるべきだという方針だった。和人さんが勉強机の鍵を預かろうとしたときは、大変な剣幕で怒り、「鍵を返して！」と迫ってきた。和人さんは「まだ小学校一年なんだから、鍵なんか必要ない。四年生になったら返す」と言い張った。理沙さんはいったん引き下がったが、和人さんが子供の手作りのネームプレートを部屋の入口に付けていたときに近づいてきて、「ネームプレートに触らないで。あんたが触ると穢《けが》れる」と言い放った。そしてネジの箱をひっくり返し、ハンドクリーナーを投げつけた。逆上した和人さんは殴りかかった。

『あんたが触ると穢れる』という言葉はいちばん許せない。馬鹿にするにもほどがある。だから、あれは当然の仕打ちだと思うよ。そのとき彼女は腕にひびが入ったと言って、整形外科に行ったんだけど、本当だとは思えないんだよね。俺は彼女の言うことを信じられないから。虚言癖があると思うから。でも、あれ以来、彼女の親が俺のことを非難しはじめたんだ」

それから数週間後のことだった。理沙さんがゴキブリ対策のために、殺虫用のほう酸団子を買ってきて、家中に置きはじめた。和人さんは朝方の口論で不機嫌だったので、まったく手伝わなかった。子供部屋に置いているとき、理沙さんは両手に団子を持ちながら、子供の敷き布団を足で動かした。それをたまたま目にした和人さんは、腹が立ってきた。「いつもは箸《はし》の持ち方ひとつで怒ってくるくせに、人が見ていないところでは自分だって行儀悪いじゃないか」と思った。すかさず「手を使えよ！」と注意した。すると理沙さんはつんとして、「両手がふさがっていますから」と意に介さなかった。和人さんは馬鹿にされたような気がしてカチンと来た。彼女に駆け寄り、後頭部を平手で叩いた。理沙さんが団子を投げて「何するのよ！」と彼の両手を押さえたので、和人さんは彼女の額に頭突《ずつき》を食らわせた。

「彼女が包丁を出しそうな感じだったから、ああするしかなかったんだ。彼女の攻撃性を俺が力で抑えたんだ。でも、頭突はそんなに痛くなかったはずだよ。手加減をして、ダメージがない範囲でしかやっていないから」

しかし理沙さんにしてみれば、相当のダメージだったようである。その後、彼女は子供を連れて飛び出したが、駅に向かう途中で脳しんとうを起こして倒れた。救急車で病院に運ばれてベッドで安静にしていた。警察から連絡が来たので、さすがに和人さんは病院に駆けつけた。しかしそのときでさえ、彼の中には疑いが生じていた。

「倒れたのは脳しんとうじゃなくて、彼女の演技じゃないかなと俺は思ってしまう。自分で演出する癖があるっていうか。だいいち、実家に帰るときは、あの駅は使わないはずだしね。もうひとつ近所に駅があって、そっちなら実家の側まで一本で行けるのに、なんであの駅にいたんだよ。誰かに会おうと思ったのかわからないけど、最初から演技する予定だったんじゃないかな。彼女は自覚していないけど、そういうことを平気でしちゃう病的なところがあるんだよ、あの人には」

それを最後に、ふたりは別居をした。理沙さんと子供が家に残り、和人さんはアパートを借りた。一年半ぶりに風呂なし生活に戻った。

事務的な連絡以外は付き合いを絶っているが、和人さんと子供の付き合いは続いている。理沙さんもそれを許可している。週一回、子供と会って遊ぶのが和人さんの役目だ。たとえ欠勤をしたとしても、その役目だけは欠かさないほど子煩悩なのは今でも変わらない。子供も同様に、和人さんに会うときは活き活きしている。

「もし子供がいなかったら、とっくに別れているよ。だって、そもそも彼女と付き合うことはなかったと思うし。だから、子供のために、まだ腐れ縁が続いているという感じかな。彼女もたぶん、そうだと思うよ。子供にとって俺が必要だから、正式に別れないんじゃないかな。まあ、何を考えているかわからないけど」

魔女？

以上が和人さんの話による現在までの経緯である。私はこれまでにない後味の悪さを感じた。私がインタビューをした幾人かの加害男性は、彼らなりの罪悪感のもとに自らの体験や心境を吐露していた。しかし和人さんの口からは、最後まで暴力に対する反省の言葉が出てこなかった。いろいろと事情はあったにせよ、彼の加害性が尋常でないのは明らかだ。心からの反省なくして、「わかってほしい」と共感を求められるのは、はっきり言って迷惑千万だった。

しかし共感できる部分がぜんぜんないと言えば嘘になる。あくまでも彼の話の範囲内であるが、理沙さんという女性のキャラクターの特異性には、私の自然な感情の流れとして、どうしても嫌悪感を持ってしまった。私はやはり男性であるから、夫の側から考えて、「もし自分が同じ立場だったら、どうするだろう」と想像する。特に、どんな状況であれ、「あんたが触ると穢れる」などと罵られたら、逆上しないではいられないだろう。この他人事《ひとごと》とは思えない、私の中の大きな揺らぎは、今回の取材の試練のようなものだ。

和人さんはそういう私の心理を知ってか知らずか、理沙さんのキャラクターの特異性（彼に言わせれば「異常性」）について、これでもかこれでもかと事例を出してきた。細かいことはとても書く気にはならないが、結論を言えば「彼女は人格障害だ」ということだった。おまけに彼は、『健康ネット小辞典』というウェブサイトの中にある「人格障害」の解説部分のプリントを私に差し出し、「彼女はこういう症状に当てはまるんだよ」とミニレクチャーをはじめた。

彼がアンダーラインを引いて強調していたのは、次のような部分だった。

「人格障害の患者は精神科的援助を拒絶する」「自分の問題を否定する傾向が強い」「自己の不適応行動に不安を感じず、社会が彼らの症状と考える問題に、ふつう苦痛を感じていない」「病的に嫉妬深い」「対人関係における不快感、内向性」「特別の待遇を期待」「責任を他人に預け、自信に欠け、長時間一人でいると激しい不安を感じる」「様々な形の完全主義と柔軟性のなさ」etc.

私はこの解説文を読みながら、だんだん目眩を感じてくるような気がした。げんなりとして、やりきれなくなった。

和人さんは自信ありげに、「彼女に全部当てはまる」と断言した。そしてまた、ひとつひとつの具体例を話そうとしたので、私は思わず「でも、専門家が診断したわけじゃないんでしょ」とさえぎった。「彼女が人格障害かどうかなんて、今の時点ではわからないよ。素人判断は危険だよ」。

彼はそれでも引かなかった。

「でも俺だけじゃなくて、彼女を昔から知っている人たちも言っているんだ。ある人から『理沙さんは魔女だから、君も魔術師ぐらいにならなきゃ、うまくいかないぜ』と言われたんだよ。当時はよく理解できなかったけど、今は骨身にしみるほど納得がいくね」

「その人たちだって、専門家じゃないんだろ」

「あの病的な変化は、体験した人じゃなきゃ、わからないだろうな。彼女は普段は『かよわい女』を演出しているけど、地は凄いんだから。声も急に野太くなるんだ」

抑圧が原因？

「もうやめよう、そういう話は。ここで結論が出ることじゃない。それに彼女がどのような人だって、暴力は彼女の問題じゃない。あくまでもふるうほうの問題なんだよ。あなたの問題なんだよ。そこをぼかしちゃいけないと思うんだ。今回はそれがメインテーマなんだから」

「どういうこと？」

「たとえば、彼女の人格的な問題を暴力の原因にしているけど、本当にそうなのかなと僕は思うんだ。加害男性によくあることなんだけど、妻の言葉や行為は単なるきっかけでしかなくて、本質的な理由は、その人が生育歴で受けてきた心の傷だったりする。父親から受けてきた暴力を息子が繰り返す世代連鎖なんて、まさにそうだよね」

和人さんは神妙な顔をして、しばらく考え込んでいた。私はようやく一息つけて、ぬるくなったビールを飲み干した。

「ぜんぜん考えつかない」と和人さんは首を振った。「生まれ育ったのは田舎の家なんだけど、すごく平和だったたし。おやじから暴力をふるわれたことなんて一度もない。おふくろも優しいしね。貧しかったけど、俺は伸び伸びと育ったんだ」

「じゃあ、どうしても、理沙さんからの抑圧が本質的な原因だと思うの？」

「うん、そうとしか考えられない。同じ加害者でも、『成長期に抑圧を受けて育った人』と、『妻から抑圧を受けて奇行に走る人』を明確に分けてほしいよ。俺は明らかに後者で、むしろ妻の言動・行為による精神的暴力の被害者なんだ。加害者の従来のイメージは暴君タイプが主流だったけど、新しいカテゴリーとして、妻に支配されつづけた抑圧から逃れるためにキレるタイプに注目してほしい。豊田さん、ぜひ、そのタイプの加害者への理解を促してくださいよ」

私は唖然として言葉を失い、こう答えるのがやっとだった。

「申しわけないけど、あなたの話だけでは原稿にならないよ。もしあなたの話に基づいて書くのならば、同等に理沙さんの話に基づく部分も書かなければならない。それがフェアというもんでしょ。いちおう彼女に取材を申込んでみるけど、いいよね？」

「うん、そうしてそうして。第三者が介入してくれるのは嬉しいし。でも、彼女は気難しいから、豊田さんを俺の味方だと思い込んだら、取材を受けないだろうなあ。自分の味方になってくれるかどうかで人を判断する人だからね」

「まあ、とにかく連絡してみるよ」

私は話を打ち切り、例の一軒家の電話番号を教えてもらった。

妻の協力

和人さんと会った日の夜に、私は理沙さんに電話をかけた。事情を説明して、取材を申込むと、彼女は唐突に「豊田さんはカズちゃんの味方になってくれますか?」と訊いてきた。私は「えっ?」と耳を疑った。あまりにも和人さんの話の通りだったので、逆に意外だったのだ。しかし「味方ですか?」ではなく「味方になってくれますか?」という表現には引っ掛かった。念のため私は、「どういうことですか?」と確認した。

「つまり、彼が立ち直るために協力してあげてほしいんですけど、そういう気持ちはございませんか?　さっき豊田さんは、いろいろな男性の問題を書かれてこられたとおっしゃったから、彼の治療のためにもお知恵があるのではないかしらと思いまして」

「はあ、そういうことだったんですか……。もちろん単なる取材対象者というだけではなくて、協力できることがあれば喜んでやりますけど。これも何かの縁ですから」

「そうですか、絶対に約束してくださいね」

「ええ、約束します」

「それなら、取材をお受けします。本当は辛いことなので話したくはないんですけど、カズちゃんの治療に協力してくださる人でしたら、私もご協力させていただきます。彼のことをありのままに話します。これから離婚するにしても、彼に立ち直ってほしいという気持ちは変わらないですから」

私はかなりのプレッシャーを感じた。彼女に取材するということは、非常に重いものを背負ってしまうのではないかという気がした。しかし彼女の話を欠かすわけにはいかない。


三日後に、あるオフィスビルのエントランスホールで待合せをした。私が五分前に着くと、入口付近のベンチにひとりの女性が座っていた。モスグリーンのワンピースに薄手の黒いカーディガンを着ていた。私はおそらく理沙さんだろうと思ったが、直角に俯《うつむ》いて読書に集中している様子なので邪魔してはいけないと思い直し、彼女が顔をあげたときに声をかけることにした。しかし待合せ時間が、十分、十五分と過ぎたのに、彼女はまったく顔をあげなかった。つまり私が来たかどうかぜんぜん興味がないようだった。「別の人かな」と思ったが、他に女性の姿はなかったので、「大平理沙さんですか?」と私は声をかけた。

「あっ、はい、大平です」と、彼女はようやく顔をあげた。読んでいた本は、『グリム童話』関連の翻訳本だった。

「すごく読書に集中していましたね。声かけづらくて待っていたんです。遅刻したんじゃありませんよ」と私は微笑んだ。

「ごめんなさい。わたし、活字中毒なんです。いったん読みはじめたら止まらなくて」

私たちはカフェテラスに行った。平日の午前中なので空いていた。正面に座って、改めて彼女の表情を見た。いかにもお嬢様育ちらしい気品ある顔立ちで、とても純粋な人柄に感じられた。小指を立ててストローをつまみ、トマトジュースを少しだけ飲むと、理沙さんは落ち着いた声で、「私から話すというよりも訊いてくだされぱありがたいです。なんでもどうぞ」と言った。

DVの実態――妻の告白

私は出会いの頃から順繰りと質問をしていった。

イベントに行くと和人さんが子供と仲良く遊んでくれるので、彼に感謝の念を抱いたのがはじまりだった。男性としての興味よりも「子供のため」というのが和人さんと親しくした第一の動機だった。

「彼も私のことをそんなに好きじゃなかったと思いますよ。子供のことは無茶苦茶好きで、あの子のお父さんになりたいがために親しくしてきて、そこに私がついていったようなもんですから」

「お子さんは、男の子ですか?」

「はい。男の子と遊んでくれる男友達は貴重でした。今でも週一回は子供に会って、いっしょに空手の道場に通っています」

「じゃあ、籍を入れたのも、お子さんのためですか?」

「まあ、そういうことになるかしら。カズちゃんはずっと恋人がいなかったんですね。それで、この先、誰か女の人と付き合うときに私と子供のことをどう説明すればいいのかわからないって彼が言いはじめて。私たちとの関係も打ち切りたくないし、そうすると他の女の人と付き合うのは無理だって。それは向こうの勝手だから、最初は相手にしなかったんですけど、だんだん『悪いな』と思うようになってしまって。まあ、実際、『籍入れても、あんまり変わらないかな』とも思ったんですね」

「結局、なんとなくなんですね」

「ええ、なんか惑わされたって感じです」

彼女は淡々と語った。幸せの絶頂であるのが普通の時期なのに、あまりにも思い入れがないように感じられた。したがって、和人さんに対する愛情がなかったというのは真実味があった。

非常識な夫

話は入籍後の新婚の頃に移った。

和人さんの話では、片づけのことなどで理沙さんが一方的にガミガミ言ってきたような印象を受けたが、理沙さんからすれば、きちんとした理由があった。

「歯を磨きなさいとか、外から帰ったら手を洗うとか、いつもそういうことをしない習慣の人がいるっていうことは、子供の躾けには困ったことで。あの人めったに歯を磨かない人だったんですよ。だから、子供に言わなくちゃいけないようなことだけは、ちゃんとしてほしかったんです」

「まあ、たしかに、それくらいは常識ですからね……」

「そうです。私もそんなに常識的な人間だと思ってなかったのに、あそこまで常識知らずの人がいたなんて驚きでした。たとえばね、私は脚が悪いので主治医がいるんですけど、カズちゃんを連れて先生に御挨拶に行ったときも、Tシャツに短パンにビーチサンダルで来たんです。極め付きはね、同席してた子供が『あっ、カズちゃん、ガム噛んでる』って言ったんです。先生は老眼だから、言わなきゃ見ないでいたかもしれないのに。私はそのとき『ちょっとひどい』と思ってあとで言ったんですけど、彼は『君の病気のことを知っておきたいからわざわざ仕事を休んで来たのに、そういう細かいこと言われるのが嫌だ』って居直っているんですね」

「それも、まあ、たしかに常識はずれですねぇ……」

「でも、『常識でしょ』って言うと、彼、すごく怒るんですよ。とにかく自由気ままに育ってきたから、常識とか大嫌いなんですよ。もうほんとに小さな頃から、祖父母や両親や姉から可愛がられて、甘やかされて、何も怒られないで育ってきたものだから、我慢とか自己節制みたいなことができないんですよ。まったくしたことがなかったんでしょうね。私は生活習慣とかＴＰＯについては親から厳しく躾けられてきたので、すごく気になってしまって」

水と油

ここまでは理沙さんの言い分のほうが百パーセント筋が通っていた。では、同居早々に寝室を別々にしたこと、食後に自室にこもってしまうことについては、彼女はどういう考えを抱いていたのだろうか。

「それまで子供と私といっしょにいましたから、急に子供部屋を与えて、『今度はカズちゃんといっしょ』って言ったら、子供がちょっと可哀想だし、そのへんがデリケートな子なんで、気を遣ってあげなくちゃやっていうのがあったんです。それって彼にぜんぜん通じなかったんですけどね」

「たぶん、世の中の男の大多数に通じないと思いますけど。同居早々にいっしょに寝られないっていうのは、やっぱりねぇ。もちろん子供の気持ちも大切ですけど、子供が眠ってからでも十分に夜の時間はあるんだし……」

「もちろん、優しい人といっしょだったら、いいですよ。でも、カズちゃんは何かとすごく苛立《いらだ》っていて、そんなムードはないし、私も無理矢理付き合っているとすごく疲れるんです」

「食事のあとから、すぐに部屋にこもっちゃうんですか？」

「最初からそうではなかったですけど、注意したり口うるさくなっちゃったりするのを自分で避けたかったんです。いつも喧嘩になりますから。それに、そういうところで不毛な時間を過ごしてるくらいだったら、自分の部屋で仕事するなり読書しているほうが有意義だったんですね。私は一人でいる時間って、どうしても必要なんですよ。自分だけのスペースがないと無理なんです。私の実家はみんな、各自の自由なスペースを持っていましたから。彼は一日中お茶の間に家族が揃ってて、ワイワイやっている環境で育ってきたんで、別々のスペースを持つという感覚が理解できないようでした」

「和人さんは、自分が居候であるかのような疎外感を感じていたと言っていましたよ」

「同居するまで一人暮らしで、家中を自分のものにしていたから、そう感じたんじゃないでしょうか。私と子供が入る前にもう、家中、あの人の物ばっかりだったんですよ。物を捨てられない人なんですよ。小学校のときに使ったゴミ箱まで実家から持ってきてましたし。私はシンプルな空間のほうが好きなんです。だから、彼の古い持ち物には冷たくて、彼の部屋に押し込んでおいてほしかったんですけど、それが不満だったようですね」

「彼のそういう点は、結婚前にわからなかったんですか？」

「わかりませんでした。服装に気を遣わないことは私が気にして、注意して整えてあげれば済むことぐらいに思ってたんです。そうしたら、ちょっと言っただけで、私に支配されてると思い込んじゃって、あんまり怒るから、私も自分を殺して殺して彼のことを大切な人なんだよって示してきたつもりでいたんですけどね。結婚前は威張るたちの人じゃないと思ってたんですけど、『俺を大切にしろ、旦那様なんだぞ』っていう態度が出ちゃって。何しろ家族から愛されるだけ愛されて生きてきた人ですから、そういうふうに自分を尊重するのが当然だみたいな感覚があるんですよ。私ももっともっと持ち上げててあげればよかったんですけど、やっぱり生理的に耐えられないということがありますから」

こういうふうに、和人さんの言い分のほとんどすべてが反証されていった。そして私が感じたのは、あまりに大きなミスマッチである。性格も習慣も生まれ育った環境もぜんぜん違う。まるで水と油だ。唯一の接点は、やはりどちらにとっても「子供」だったというのは十分に納得した。

食い違い

話はいよいよ、DVの経緯に移った。

和人さんの話では、理沙さんのほうが先に情緒不安定に陥り、家が緊迫した雰囲気に包まれたという印象を受けたが、この点についても彼女は反論した。

「彼、すごくお酒を飲むんですけど、酔うと普段の不満が爆発してくるみたいなんですよ。それで、同居をはじめてから、私を殺したいみたいなことをガンガン言い出したんです。悪酔いをした場合のことなんですけど」

「目の前で？　ふたりでいて？」

「ええ。私もけっこう強いですから、機嫌がいいときにふたりで飲んでいると、突然不満をガンガン言いはじめて、挙げ句の果ては『殺したい』って」

「それは怖いですね」

「ええ。まだ手を出す前でしたけども、その頃からものすごく怖くて。目が据《す》わっているので本気に感じてしまうんです。それであるとき、非情な仕打ちだったんですけど、私、包丁を出してきて、『出てって！　お願いだから出てって！』ってやったんです。彼は出て行って、その晩は職場に泊まったらしいんですけど。でも彼は、自分が『殺す』と口走ったことなんか忘れて、私が包丁を突き付けた記憶しかないんですよ。たしかに私の仕打ちも怖かったと思うんですけど、でも、ほんとに家の中にいられるだけで怖かったので仕方がなかったんです」

和人さんの話では、この場面はまったく違った。理沙さんが「私を愛してるの？」「愛してるって言って！」「言わなかったらあなたを殺して、私も死ぬ！」と泣き叫んで包丁を突き付けてきたので、和人さんは外に逃げ出したということだった。単なる記憶違いではないだろう。どちらの話を信じるかは、判断しかねた。

「殴らせちゃってごめんね」

初めて身体への暴力がはじまったときのことを、理沙さんはこう語った。

「いっしょに暮らす前から手が出はじめていたんです。身内の新年会の前に顔を殴られて腫《は》れてしまったので、新年会は欠席したくらいなんですよ。いちばん最初は、結婚前に彼の同僚に初めて紹介された酒の席でした。私は子供が心配なんで『そろそろ帰る』って言ったら、彼は機嫌をそこねて、『じゃ、帰るなら帰れよ』って小突きまわしたんです」

「えっ、同居をはじめてからと聞きましたけど……」

「違いますう、その前からありました。同居してからひどくなったんです」

「具体的に、どういうときに暴力をふるわれるんですか?」

「私、自分の持ち物をいじられるのがものすごく嫌なんですね。でも彼が私の部屋に平気で入るので、『勝手に入って触らないで』と抗議をすると、彼はカーッとして手を出すんです。そのパターンがいちばん多かったですね。人の部屋に入るのを、彼、どうしても直そうとしないんですよ。子供の頃の生活環境では、自分の部屋っていうものがなかったし、自分の物と誰かの物の区別もなかったみたいなんで。私がいくら『嫌だ』と言ってもまったく理解してもらえなくて」

「『あんたが触ると穢れる』と罵ったと聞きましたけど、本当ですか?」

「怒りのあまり言ったかもしれません。でも、子供と私が手作りした陶器のネームプレートにあの人が乱暴に釘を打とうとしたので、私が怒ったんです」

「和人さんが自分で言ってたんですけど、気が狂ったような甲高い声で笑うらしいですね」

「ええ、気持ち悪かったし、怖かったです。だから、もう思い出したくもないです。殴りたいけど殴らないでやってるんだみたいな笑い方なんですよ。でも、向こうは私が暴力をふるったって主張するんですよ、言葉の暴力で追い詰められたんだっていうふうに。だから私は、

『ごめんなさい』ってずっと自分を責めていました。『殴らせちゃってごめんね』って言ったこともあるんですよ、私」

「それは被害を受ける女性の共通した心理なんですよ。いったんそうなると、暴力を我慢してしまって、なかなか逃げることをしない」

「そうなんですよね。腕にひびが入ったこともあるんですけど、そのときでさえ我慢していましたものね。彼は『殴ったくらいでひびが入るわけない』って言い張るんです。子供と空手を習いはじめたんですけど、空手をはじめたら暴力をふるわないでくれるかなという期待もあったんですけど、散々叩かれまして」

「それは相当だな」

「殴られて顎がおかしくなって、しばらく口を開けると変な感じになっていたんですよ。あと、畳の上に投げ飛ばされて、馬乗りになってバタバタバタバタって顔面を叩かれたり。頭突きをされたこともありました」

「あっ、それは最後のときですよね、頭突きは」

「あら、お詳しいですね。ゴキブリ捕りのお団子を両手に持って、ちょっとお行儀悪かったんですけど、子供のお布団を足でどけたんです。そうしたら、あの人、『布団を足で蹴るな！』って怒鳴るんで『あら、ごめんなさいね。これを持ってるから、手で触るとクスリがついちゃうと思って』と言い訳したら、どこか気に入らなかったらしくて、『謝れよ』って頭を叩いたんです。その日の午前中に口論したから機嫌が悪くて、爆発する機会を狙っていたんですよ。それで私は愛想を尽かして子供と家を出たんです」

「その後、脳しんとうを起こしませんでしたか？」

「それもお聞きになったんですか。私が演技したと思っているんでしょ、カズちゃんは。でも、常識的に考えてみてください。小さな子供を連れているのにそんなことすると思います？　その駅の近くに従姉妹《いとこ》が住んでいるんで、そこで少し休ませてもらおうと思ったんですけど、急に頭痛と目眩がしたんで救急車を呼んでもらったんです。演技の計画を立てる余裕なんてありません」

「それはそうですよねえ……」

やはり理沙さんの話のほうが筋が通っていた。人格障害の人の語りだとは、とても思えなかった。かといって、和人さんが嘘をついているとも思えなかった。彼の中には理沙さんに対する相当に根強い不信感があるに違いない。それに基づいて理沙さんの言葉や行動を、それこそ自分の中で無意識に「脚色」してしまうのかもしれない。

子供のため

最後の質問として、離婚についての考えを聞かせてもらった。結論から先に言うと、理沙さんはまだ決心がついていなかった。

彼女は溜息混じりにこう言った。

「いちおう一年間別居という形で様子を見て、その時点で離婚するかどうか決めようと思うんです。でも私は、いっしょになったときには一生いっしょにいるんだっていう覚悟をしてあるんで、その覚悟というのは自分の中で大きいですし、やっぱりとても大切だった存在とこのまま別れるのがとても不本意なんですよね。子供にとってもすごく大切なんです。カウンセラーの先生に言わせると、子どもを口実にして離れられないでいるのは病気なんだそうですけど、でも、子供のことがあって、それで三人ですごく幸せな環境を築きたいという決心をしていっしょになったものを、ＤＶで終わらせちゃうっていうか消し去っちゃうのは、なんか自分で納得いかないなっていうのがあるんです」

「でも、和人さんのほうの問題もあるでしょ。理沙さんだけではどうにもならないことも考えないと」

「ええ、期待はしてはいけないと思うんですけど、彼には立ち直ってほしいです。でもやっぱりダメかな。よく脅してくるんです。郵便受けに『君が憎らしくて憎らしくてしょうがない。だから早く結論を出したい』という手紙を投げこんできたり。だから、すごく怖くて。朝、新聞屋さんが自転車で来るんですけど、自転車の音とかしただけでも、カズちゃんが来たんじゃないかとものすごく怖くて」

「そういう苦しみが続いていて、しかも彼が別れたがっているなら、なるべく早めに離婚したほうがスッキリするんじゃないですか?」

「でも、さっき言ったように、子供のことを考えると、なかなか踏み切れません。子供の目の前で私が殴られたり顔が腫れたりしたことも何度かあるんですけど、今でも遊びたがりますし、そんなに恐れてはいないようなんです。連絡取ってあげると、喜んで遊んでくる。カズちゃんのほうがどっかで待っていることもあるみたいで。そういうのを見ていると、いろいろと迷いが出てきてしまうんです。最近は『彼はあのとき、こういうふうにしてほしかったんだろうな』とか『こういうことで疎外感を味わっていたんだろうな』とか分析する余裕もだんだんに出てきました。カズちゃんが立ち直ってくれるなら、と願っています。親になった人間同士が憎みあっているのでは、子供が可哀想じゃないですか」

「やっぱりお子さんのためっていうのが一番のようですね」

「そうですね。まあ子供のためだから、殴られてもいいとまでは思わないですけど」

「こういう仮定は無意味かもしれませんけども、お子さんがいなかったら、とっくに別れてますか？」

「ていうか、いっしょになりませんでしたもの。恋人付き合いとかも最初に言われたときに即座に否定したみたいに、恋愛感情はなかったですもの」

私は、彼女には申しわけないが、共感できなかった。たしかに子供思いであることは素晴らしいと思う。しかし夫婦の原点はそこにあるのだろうか。また夫婦の絆《きずな》を前提としない両親を持った子供は、本当に幸せになるのだろうか。

彼女の心には深い闇があるような気がしてならなかった。子供だけしか愛せないという、ある種のニヒリズムだろうか。「子供だけでも愛せれば十分」という彼女の心の声が聴こえてきそうだが……。

私は話を中断してトイレに行った。数分後に戻ってきたら、彼女はまた直角に俯いて『グリム童話』の本を読んでいた。今度はすぐに顔をあげたので「ほんとに本がお好きですね」と私が言うと、「読んでいないと、不安になるくらいなんです」と彼女は微笑んだ。その笑顔はとても淋しそうだった。

暴力の肯定

初めての取材以来、和人さんとはちょくちょく会った。彼はほぼ毎日、電話やメールで連絡をしてくるのだった。「これから会いませんか?」と誘ってくることも多かった。

どうやら和人さんは、私が彼のことを理解しているかどうか、共感しているかどうか不安であるようだった。会話でも文章でも、これでもかこれでもかというほど自分の心境を私に伝えようとした。それは主に、理沙さんへの愛憎相半ばする情念であった。あいかわらず彼には、暴力への罪悪感は露ほどもなかった。

「彼の立ち直りに協力する」という理沙さんとの約束があるので、私は我慢して彼の話に付き合っていた。もちろん暴力への肯定感を強めることで元気付くのであれば、まったく意味がない。余計に世の中の害悪になる。だが、私は、彼が話せば話すほど過去の体験を意識化して、反省の念に目覚めるのではないかと期待していた。熟練のカウンセラーから、語ることのそういう効果をよく聞いていたからである。

しかし、だんだん諦めてきた。彼の被害者意識、暴力への肯定感は、ますます強まっていった。潜在的にもともとあったものが噴き出しただけかもしれない。「俺は絶対に反省しない。完全に開き直ることに決めた。同じことがあれば、同じように暴力をふるう。いや、もっとひどい暴力をふるう。思い出しただけでも怒りで身体が震える」と彼は言い切った。

ある晩、私が深酒をしているとき、携帯電話が鳴った。通話ボタンを押すと、「もしもし、大平です」という弱々しい声が聴こえてきた。彼は面と向かうと強気の口調なのだが、電話だとなぜだか弱気なのである。そのときも、グジュグジュと煮え切らない様子で理沙さんへの情念を語るので、私は酔った勢いで絡《から》んでしまった。たぶん挑発的に「そんなに執着してるんなら、寄りを戻せばいいじゃん。彼女も元のカズちゃんに戻ってほしいと言っているぜ」ぐらいのことは言ったかもしれない。すると彼は翌朝のメールで、「軽薄すぎます。裏切られた気分です。一晩中眠れませんでした。彼女のその言葉は、『自分の思い通りになるカズちゃんに戻ってほしい』という意味でしかないのです」とクレームをつけてきた。「あーあ、もう彼との付き合いはお終いかな」と後悔していると、その後も彼から電話やメールが頻繁に来るのでホッと安堵した。しかしそれはライターとしてであり、模擬カウンセラーとしては気分が重く、ますますプレッシャーを感じた。

しかしどういうわけか、彼には憎めないところがあった。私に会うたびに、彼はいろいろな「資料」を見せてくれるのだが、その中には幸せな頃の家族のスナップ写真などもあった。そういうものを持ってくること自体が、憎めないのである。本当に無邪気というか、天真爛漫なのだ。

私は何枚もの家族の光景を目にした。花火をしている場面、運動会で親子競技をしている場面、バーベキューをしている場面……。入籍の日に家族三人で撮ったプリクラも見せられた。和人さんは寄り目をして口を大きく開けておどけていた。子供はその顔を真似ていた。理沙さんは目を細めて笑っていた。

「幸せそうだね」と私が言うと、彼はしんみりとして「豊田さんに彼女との関係を具体的に伝えたほうがいいと思って、思い出の品を見直していたんだけど、怒りすぎて忘れていた幸せも思い出しちゃって。ずっと思い出に浸ってた」と語った。うっすらと涙ぐんでいた。

ある日、ご丁寧に彼は、昔の理沙さんの手紙（同居中の『交換ノート』やメモ書きも含めて）を持ってきた。文字が薄くなったり紙面が汚れたりしないように、一枚一枚コピーまでして保存してあるという。熱心な説明を加えながら、とても大事そうに彼は手紙をめくっていった。最初はにやけていたが、だんだんと険しい表情になっていった。日付け順に目を通していくと、理沙さんの心の移り変わりが伝わってきた。

「私と息子は明日、列車で富士に向かいます。○時に××駅を通りますが、乗れそうですか？　私たちは最前車両にいます。間に合って、お逢いできたらうれしいです。PS. 朝にTELするのはうるさいでしょうか？」

「家の名義の問題があなたにとって重いということは理解できます。でもどのくらい重いのか考えてみて。私が素直に安心してあなたに寄り添っていきたいという思いよりも重要？　私はただ、無理を強いられることなく暮らしていきたい。少し寛大になってほしいです。私も努力するから」

「私がいけない、全面的にいけないんだと思います。悪いのは、みんな自分だ。淋しくてわがまま言ってしまうのも、あなたがべろべろに酔っ払ってしまうのも、みんな私がいけないのね。ごめんなさい。大嫌いと言いたいくらい大好きなひとへ」

「始まりの時期には、みんなけっこう喧嘩が絶えないのだと先輩から聞いて、少しだけ安心しました。私がいま欲しいのは、あなたがいま必要なもの。きっと愛と言葉です」（原文マ

マ）

これらの文句を読んだとき、私は理沙さんの嘘を確信した。これらの文句が嘘というのではない。以前会ったときの「恋愛感情はなかった」という話が彼女の本心ではなかったとわかったのだ。私はある種の安堵を感じた。理沙さんに人間臭さを感じて、急激に親近感を覚えた。

しかし次の手紙は、あまりにも物悲しく胸に迫ってきて、暗澹たる気分になった。

カズちゃんへ

大切だった大好きだったひとが、目にするだけでおぞましい震えが来る存在になってしまっていることが自分で何よりショックだった。あなたはあやまっていなかった。未だに『五分五分だ』とうそぶいていた。まっすぐに心から悪かったと言ってくれたら、もうしないと誓ってくれたら、修復がきくという幻想を私はまだ抱いています。もう終わりなのだと認められないでいる。痛みは続いているのに、恐怖も続いているのに、まだあなたを大切に思いたがっている。私が変われればと変われないあなたは言った。だから変わった。

あなたはそれでも駄目なまま子供じみた八つ当たりで狂って私を壊した。私の幻想だけ、まだ壊れてくれない。憎むことで解決したくない。(原文ママ)

これが理沙さんの最後の手紙である。これ以後彼女は別居をし、事務的な連絡以外は和人さんに沈黙を貫いている。和人さんはこの手紙を「許せない」という。「彼女はここでも演じているんだ。悲劇のヒロインになり切っている」と。しかしプロの小説家でもない人が、これほど切迫感あふれる文章を「創作」で書けるとは私には思えなかった。

その日の晩、理沙さんに電話をかけ、手紙を読んだことを伝えた。彼女はぜんぜん怒らなかった。本に載せていいかどうか訊いたときも、意外にあっさり「いいですよ」と答えた。そして少し沈んだ声で「もう私の心からは離れた内容ですから」と理由を語った。私はいくつかの質問を用意していたが、その言葉の前に質問を引っ込めた。電話を切る前に理沙さんはあらためて、「私が望んでいるのは、元のカズちゃんに戻ってほしいということだけです」と強調した。私は電話を切ったあと、大きく溜息をつき、和人さんから借りた彼女の手紙をぼんやり眺めた。優しかったり荒々しかったりする字面が一体となって何かを語りかけてくるように感じた。

第4章　「俺の夢を奪った仕返しだ」

雑誌の企画で家庭内暴力を取材しているときだった。ある市民団体主催の小さな集まりに顔を出したとき、部屋の片隅で陰鬱な表情を浮かべながら自らの暴力体験をぼそぼそ語っている青年がいた。今は克服したらしいのだが、かつては凄まじい勢いで父親に殴りかかっていたという。彼の話からは親へ牙を剝く少年の切実な思いが伝わってきて、私は心を動かされ、取材を申込んだ。

集会終了後に喫茶店に行った。「あのときの話はすごく感銘を受けた」と私が話すと、「そうですか、そんなこと言われたの初めてだなあ、嬉しいなあ……」と彼は照れ笑いを浮かべた。内気な性格らしく、向かい合って話している間も俯きがちで、ほとんど目を合わせなかった。最初は学生に見えたが、すでに三十歳で妻子もいて、小さな出版社の契約社員をしているという。

家庭内暴力

彼、島田修一さん（仮名）の家庭内暴力がはじまったのは中学生のときだった。学校でいじめを受けて、その憂さ晴らしのために家で暴れはじめたのがきっかけであるが、本質的には両親への不満が爆発したために長期化したという。

「ちょうど暴れはじめた頃に、母が難病になって寝たきりになったんですよ。それで僕に対する父の態度が変わってしまったんです。もともと僕と父は仲良くて、情緒的なつながりは深かったんですけど、父が母の介護で手一杯になってしまったので、僕に対する保護者としての役割を果たしきれなくなったのでしょうね。父親としての心理的な安心感を僕に与えてくれなくなったんです。学校で僕がどんなことで悩んでいるのか父は聞いてきませんでしたし、僕も『学校でいじめられている』と父には一言も話しませんでした。で、そのへんの不満をぶつけたいというのも、家で暴れていた大きな理由だったと思うんです。病気の母には暴力をふるわなかったですよ。病院にいる時期も長かったですから」

「お父さんは殴られると、どういう対応をしたんですか？」と私は訊いた。

「いちおう『もう出ていけ』とは言うんですが、怒るんではなくて、泣きそうになって言うんですよ、目に涙を一杯ためてね。たぶん父は僕がどんどん荒れていったのは自分のせいだと自責の念を持っていたんじゃないかなあ」

「お母さんの病気の介護で大変なんだから、お父さんにもっと優しくしようとは思わなかった？」

「当時はそこまで考えが回らなかったですよ。父に同情できるようになったのは最近ですよ。

結婚して子供ができてから、『子供に殴られるのってどんなにつらいんだろう』と思うようになってからです。当時はどちらかと言うと、怒りを家にぶつけやすかったことに便乗していたところがあるんです。僕が暴力をふるっても、『この子は可哀想な子なんだ。暴れても仕方がない』と見られていて、本気では叱られませんでしたから」

父親には気の毒であるが、息子にとっては家で暴れる「甘え」を許してくれた環境は救いだったのかもしれない。怒りの捌け口を完全に奪われてしまったら、彼のような繊細な子供の場合、自死を選ぶことさえあり得るだろう。しかし息子と同様に、父親もかなり追い詰められていたようである。何しろ家庭では、妻の病気と息子の暴力の二重苦である。

父に対するアンビバレントな感情

「父は躁鬱《そううつびょう》病になっちゃったんです。躁状態のときは浪費癖が高じて、高額の買物をするんで、何千万円もの借金を作ったんですよ。いきなりベンツを買ってきたり、高級カメラをばんばん買ってきたりするんですから。それはずっと続いて、僕が大学生のときには、僕のほうにまで二千五百万円もの借金返済が回ってきたくらいですから」

「二千五百万円！　それは辛すぎるよねえ。じゃあ、その分だけ暴力で父親へ返していたわけ？」

「まあ、そういうことになりますね。結局、二十六歳くらいまで父のことを殴ったり、家具を壊したりしていました」

「そんな状況だったら、親子の縁を切ったほうがいいのに……」

「でもねえ、父に対しては非常にアンビバレントな感情があるんですよ。父には憧れもあるんです」

陰鬱だった修一さんの表情が、少しばかり明るくなった。彼は一転して、父親の肯定的側面を熱心に語りはじめた。

驚いたことに、当初は「ダメ親父」のイメージしかなかった彼の父親は、公立大学の教授であった。専門は国文学で、その筋では著名な方である。息子のほうも父親の影響を受けて研究生活に憧れ、有名私大で哲学を専攻して大学院に進学した。

「大学に行って理想的なものを追究するという生活にわくわくしたイメージを持ったのは父の話を聞いてきたからなんです」

学者としての実績だけではなく、若い頃からの父親の生き様にも憧れを抱いていたらしい。

「父は無頼派《ぶらいは》のように無茶苦茶な生き方をしてきたんです。全共闘運動に明け暮れて授業よりもバリケードの中にいたり、大学院入試を潰したり、薬をやりすぎて精神病棟に入れられたり、突然に行方不明になったりね。どっか現実離れしたところがあって、世間知らずだからこそ、無茶苦茶なことができる。それでいて学業は認められている。学問のセンスだけで教授になって生き延びてきたわけですよ。父と仲が良かったときは、そういう話を酒を飲みながら楽しく聞いていたんです」

たしかにかっこいい生き方だ。特に彼のような文学青年が魅了されるのは無理もない。しかし結局、そういう破天荒《はてんこう》な性格がめぐりめぐって息子に多大な負担を与えたのもまた事実である。彼がいう「アンビバレント」とは、そういう両極端の父親の二面性に対する愛憎並存ということなのだろう。善くも悪くも父親に執着し、父親に縛られている。

さらに周囲の目も、父親からの解放を許さなかったようである。

「自分で意識するのとは別に、まわりが僕と父を比べるんですよ。特に親戚がね。それも僕の怒りの根源になっていたんです。父は無茶苦茶な生活を送っていましたが、研究者としての実力は認められていました。今でも躁鬱病は治っていませんが、大学の職を失っていませんからね。僕の場合は、同じ道を歩もうとしても、とても父にはかなわない。父の出身校の国立大学も落ちてしまいましたし……。僕が大学院に進学したときも、親戚から馬鹿にされました。『おまえが哲学なんてやったって無駄だ』とかね。父は公立大学の教授なので、大学院の学費を父の給料から払うことを指して『税金泥棒』なんて言われたんですよ。父と比較される葛藤が僕には常にありました。その葛藤がまた、父に対して暴力として向かってしまったんです」

ここまでの話を聞いて、私は同情心で胸が一杯になった。そしていよいよ、父親への暴力をどのように克服したのかという話に移った。

転移

ところが、突然、修一さんの口調が重くなった。「どういうきっかけで暴力を止められたんですか？」と私が質問すると、彼はしばらく黙り込んだ。

「えーと……、きっかけというか、その時期を言うと……、結婚してからなんです……」

「つまり所帯を持って、お父さんと別々に暮らすようになったから？」

「まあ、物理的に離れているわけですから、当然無理ですよね、殴る蹴るなんて……。だから、移ってしまったんですよ……」

「移った？」

「ええ」

「殴る蹴るが？」

「ええ」

「誰に？」

「妻に」

「……」

「だから、暴力そのものがなくなったわけではないんです」

「……」

「それが今の僕の悩みなんです」

「……」

私は愕然《がくぜん》として言葉を失った。「おいおい、そりゃ、マズイよ」という気分だった。父親から妻へ対象が変わっただけなら、問題の解消にはならないではないか。私は勝手な思い込みで彼に美しいストーリーを期待していたところがあるので、やはりその事実を知ったあとの落胆は大きかった。

しかし冷静になって「それだけ根深い問題なんだろうな」と考え直した。父親への暴力と妻への暴力ではぜんぜん質が違うように思えるが、それが通底しているとはどういうことなのか、私の関心はそこに移った。

しかし修一さんはもはやそれ以上、語りたくはないようだった。現在進行形の問題であるがゆえに混乱して自己分析できないという理由もあるだろう。「女性」という弱者への加害という立場も自ら向き合いにくいのだろう。そして何より繊細な彼は、私の感情の微妙な動きを感じ取り、「期待を裏切った」ことに対して自責の念を感じたのかもしれない。とにかく私が何を質問しても、しどろもどろにしか答えなかった。

DVに至る経緯──夫の告白

初対面以来、私たちは幾度か飲みに行った。私は純粋に修一さんと文学談義をするのが好きだった。今ではすっかり縁遠くなってしまったが、私は大学時代にフランス文学を専攻していたので、彼から懐かしい刺激を受けたのだった。

ある晩、居酒屋で飲んだあとに彼の自宅に行った。アパートの二部屋には壁が見えなくなるほど本が並んでいた。フランス語や英語の原書も多かった。いちばん目立ったところには、サルトルとボーヴォワールの全集が置かれていた。私は約十年ぶりにそれらの本を目にして、少しばかり興奮してきた。

それにしても部屋中散らかり放題だった。妻は子供を連れて実家に帰ったので、一人暮らしをしているという。

修一さんはその晩、堰を切ったかのように夫婦の問題を語った。私は焼酎のお湯割りを何杯も飲んだが、ぜんぜん酔えなかった。

彼の妻、典子さん（仮名、二十六歳）は、彼と同じく哲学を専攻している現役大学院生である。講義で顔見知りになり、本の貸し借りや論文の相談などをしているうちに親しくなった。修一さんが父親の借金を背負って追い詰められているとき、典子さんは親身になって悩みを聞き、精神的な支えになった。

半同棲状態を続けるうちに典子さんは妊娠した。まだ学生だった修一さんは子供を養っていく自信はなかった。しかし妊娠がわかった数ヵ月前に長年病床にいた母親が逝去していたので、「お母さんの生れ変わり」という思いが消えず、とても中絶する気にはなれなかった。典子さんのほうは出産を強く希望していたので、結果的に修一さんはそれを受け容れた。両家の許可を得て、出産前に籍を入れ、結婚式を挙げた。

「結婚はある面では良かったんですよ。大学で行き詰まりを感じていましたから。それに就職すれば親に対する経済的な依存がなくなるので、後ろめたさはなくなりますし、親戚から馬鹿にされることもなくなりますしね。ただ、ひきかえに、新たな生活に入って理想がなくなっちゃった。それまでの生活には夢を持っていても許されたけど、子供ができたら現実に追われてやらなくちゃいけないことがたくさんあるわけです。僕は自信がなかった。自信を持って選び取った道ではないと思っていながら、そのまま生活になだれ込んでいって、無理をしてやっていたんです」

修一さんは博士課程への進学をやめて、修士課程卒業後に大手学習塾に就職した。典子さんは休学をして出産した。健康な女の子が生まれた。２ＤＫのアパートで家族三人の生活がはじまった。

重荷

当初は修一さんは熱心に子供の世話をしていた。しかし、就職して三ヵ月後に塾講師の契約を打ち切られてから、子供の世話もせず、典子さんとも口をきかなくなった。

「クビになったことで、自信をなくしてしまったんです。こんな状況では、ぜんぜん自分の本来の能力を発揮できないと、大学院を出た後悔が強くなってきたんです。彼女は口では

『あんた好きにやったらいいじゃない』と言うんですけど、内心はそう思っていないのがミエミエなんですよね。やっぱりお金がないとピリピリしますから。それに彼女は就職せずに、せめて修士課程は卒業するという強い意志があって復学しましたから、余計に僕は重荷に感じちゃったんですね」

その頃から修一さんは、典子さんに暴力をふるうようになった。飲みに行かせないなどの「束縛」に対して逆上した。暴力の具体的内容については、「父親にやったことよりひどい」としか言わなかった。

暴力をふるうときの心境については、こう語った。

「重荷を払い除けたい、要するに『こんなことになっていなければ、俺はもっと楽だったのに、もっと夢を追い掛けていられたのに』という気持ちが暴力になってしまうんです。自分の潜在的な能力を信頼するとして、そういうものを表に出せていないという憤りがあるんですよ。そこの点で、もっと自信が持てれば、ちょっとずつ良くなっていくんじゃないかなと思うんです。やっぱり自己実現の問題ですよ」

学習塾を辞めて一ヵ月後に小さな出版社の契約社員になり、大学教授相手の編集者として仕事自体は順調に進みはじめた。しかしそれも修一さんにとっては、「自己実現」には程遠いという不満がある。実際、再就職後も、家庭での暴力はまったく減少しなかった。とうとう妻は愛想を尽かして実家に帰った。

懺悔

以上が、修一さんの話によるＤＶのあらましである。現在は孤独に浸りながら自分自身の行いを振り返りつづけているという。そこで思いついたのはこうだった。

「彼女に暴力をふるいはじめた頃を今から振り返って、気付いたことがあるんです。父への暴力がなくなったんですよ。いや、それどころか、すごく関係は良好になっていったんです。それと同時期に、彼女への暴力が激しくなっていった。明らかに暴力が父から妻に移行している。当時は意識していなかったんですけど、絶対に関連があると思うんですよ。そこのつながりをどう解明できるか、ずっと考えているんです」

「でも、暴力ということでは同じでも、父親への暴力と妻への暴力では質が違うような気がするんだけどなあ」と私は言った。

「まあ、僕の説明を聞いてください」と修一さんは語気を強めた。「依存の対象が変わったのかもしれません。父に対して向かっていたものが、彼女に対して向かっている。『わかってくれない』という気持ちでは同じなんです。父に対しては明らかに『俺のことをわかってくれない』とキレていた。彼女に対しても、『おまえは俺のことをわかってくれない』というふうなところがあるんです。だから、彼女に対してそういう不満を吐き出してからは、父に対してはキレなくなったと僕は解釈しているんですよ」

「奥さんとしたらなんで殴られるのか理解できないだろうなあ」

「僕自身もようやく自己分析できるようになったくらいですから……」

「今は別居しているけど、離婚は意識してるの？」

「彼女の考えはわかりませんけど、僕は彼女に本当に去られてしまうとどうなるのかと思って、離婚に踏み切れませんね。彼女に対してもアンビバレントな感情があるんですよ。そのへんはまだ、うまく分析できないんですけど……」

「でも、一人になっている今のうちに、懸命に自分の暴力と向き合っていけば、きっと良い方向へ進んでいくよ」

私たちは深夜までその話題を話しつづけた。修一さんは孤独が癒されていくのか、話せば話すほど表情が朗らかになっていった。

私はその後もときどき修一さんに連絡をして様子を聞いた。彼が最も気にかけているのは、二歳の香苗ちゃん（仮名）のことだった。子供には直接暴力をふるわなかったが、子供の前で妻に暴力をふるっていたこと（間接的に暴力をふるったこと）の罪悪感を、修一さんは子供がいなくなってから強く感じはじめたという。いろいろな場面を思い出しては頭を抱えて苦しんでいるらしかった。

「暴力がひどかった頃、香苗の表情がなくなってきたんですよ。自分のせいだと思うと、申しわけなくて、申しわけなくて……」

修一さんは憔悴した表情を浮かべ、消え入りそうな声で、子供への懺悔を何度も口にしていた。

自己矛盾

数ヵ月後に修一さんの自宅に電話を入れると、典子さんが出たので私はびっくりした。香苗ちゃんの元気な声も聞こえてきた。実家から戻ったという。私が「初めまして」と挨拶すると、「豊田さんですね。夫がいつもお世話になっています」と典子さんは丁寧に応じてくれたので妙に嬉しかった。ＤＶで揉めている夫婦の場合、「夫の味方」と見なされると妻に冷たい態度をとられることが多いのである。

そのあと話してわかったことだが、父親への暴力について書いた私の記事を典子さんは読んでくれていたのだ。修一さんはずいぶん気に入ってくれたらしく、彼女にも「読んでほしい」とコピーを送ったという。「とてもおもしろかったです。彼が何に苦しんできたのかよく伝わってきました」と彼女が褒めてくれたので私はひどく恐縮してしまった。

私はそのときすでに修一さんの許可を得て、彼のDVについて書こうと決めていたので、可能であれば典子さんの話も聞きたいと思っていた。そこで後日、改めて事情を説明して取材の申込みをすると、彼女は即座に承諾してくれた。その際彼女は、毅然とした声で、「私も言いたいことはありますので」と語った。

再び自宅を訪ねた。典子さんは大学院を卒業し、契約社員として働いていたが、その日は香苗ちゃんを保育園に迎えに行くまでの二時間を取材に当ててくれた。初対面の印象は、明朗で清楚な雰囲気の女性だった。

部屋はきれいさっぱり整理整頓されていた。散らかり放題の様子を思い出し、私は思わずニヤニヤしてしまった。

本棚はあいかわらず圧巻だった。私はいちばん目立ったところにあるサルトル全集の中から一冊を手に取り、「僕も仏文だったから、これ、授業で講読させられましたよ。当時は難解でうんざりだったけど、久しぶりに見るとちょっと興奮してきますね」と言った。典子さんは紅茶を入れながら微笑んだ。

「豊田さん、仏文だったんですかあ。じゃあ、その全集が本屋で買えた頃じゃないかしら。私はサルトルを研究していたから、それは必読書だったんですけど、手に入れるのにすごく苦労したんです。絶版になっていたから古本屋を回って必死に探して」

「えっ、典子さんはサルトルの研究もしていたんですか。僕はてっきり、サルトルは修一さんで、ボーヴォワールは典子さんなんて、単純に考えていました」

「私は学部の卒論でサルトルをやって、修士論文でボーヴォワールをやったんです。彼はヴェーユですよ。シモーヌ・ヴェーユ」

「名前は聞いたことあるなあ……」

それにしてもなんというインテリ夫婦だろうか。夫婦で高尚な哲学談義をしている光景が目に浮かんでくるようだった。しかしふと冷静になってみれば、私はその理知的世界のイメージとはかけ離れた問題をここで取材しようとしているのだ。しかも典子さんはボーヴォワールを崇拝しているフェミニストである。女性の自立の思想を持ちながらも家の中で夫から暴力をふるわれていたという事実を、いったいどのように解釈すればいいのだろうか。

私は意地悪い質問と思いながらも、まずはそのことについて尋ねてみた。典子さんは苦笑して素直にこう答えた。

「そうなんですよ、私も自己矛盾を感じていたんです。でも、自分の力ではどうにも抜け出せなくて。本当に深い溝にはまってしまったなあという感じでした」

それから典子さんはときどき眉間に皺を寄せて、丁寧に言葉を選びながら、DVの経緯について具体的に語ってくれた。そこから立ち現れてきた修一さんの人間像は生々しく私に迫ってきた。

DVに至る経緯——妻の告白

大学で知り合ったとき、典子さんが抱いた修一さんの第一印象は、「いかにも暗そうで、うだつがあがらなくて、人畜無害な男性」だったという。当時修一さんは大学院進学のための浪人をしていて、フランス語の授業に「潜《もぐ》り」で出席していたのでなおさら印象が悪かった。しかし教授を囲んで喫茶店にいるとき、たまたま隣に座った彼と話し込んでから印象が変わった。「どんな本を読んでいるの?」と典子さんが訊くと、彼は「中也《ちゆうや》が好きなんだ」とはにかんだ。その純粋な雰囲気が魅力的で、典子さんは「ああ、この人は安心できる」と思った。

友達付き合いが深まるにつれ、典子さんは修一さんの悩みの聞き役になった。母親が重病であること、父親がアルコール依存症で借金癖があること、さらに父親が病気で倒れたために二千五百万円の借金返済が自分に回ってきたこと、親戚から「父親を追い詰めた」と責められていること……。それらの悩みを聞いているうちに、恵まれた家庭で育った典子さんは彼にますます同情した。そして同情がいつしか愛情に変わっていた。

「とても暗いものを背負っているのに、私の前では明るく朗らかにしていたから、余計に気に入ったんです。よくある不幸自慢というか、『俺ってこんなに苦労してるんだ』という話を大勢の前でするような人だったら反発したかもしれないけど、彼がこっそりと私にしか打ち明けないから、私も支えになってあげたいって思ったんですね。それに思想的にも話はよく合うし、同じ学部で、同じ先生に習って、同じ本を読んで、いっしょにいてすごく具合がよかったんです」

付き合いはじめて四年目に典子さんは妊娠した。修一さんは大学院を留年したばかりで、典子さんは大学院に入学して一ヵ月目だった。

「妊娠を知ったときは、『おやおや』という感じでした。できちゃったらできちゃったで無碍なことはできないと思ったし、私としては前向きにいきたかったんです。彼は迷っていたけど、お母さんが亡くなったあとだったので、『お母さんの生れ変わりだから』と言って出産に同意してくれました」

妊娠がわかって三ヵ月後に入籍した。修一さんの進路については、ふたりで何度も話し合った。博士課程への進学を諦め切れない修一さんに対して、典子さんは就職を強く望んだ。「働いてお金を入れてほしい」という気持ち以上に、大学院での修一さんの精神状態を見ていて「もう外に出たほうがいい」と典子さんは考えたのだった。

「うまいこと彼の研究生活が続いていて、絶対に博士課程に進むべきという感じだったら、私も『就職、就職』って言わなかったと思うんです。ノイローゼ気質というか、悩むことは多いし、先生との関係はうまくいかないし、院生との仲は悪いし……。無視されている、軽んじられている、馬鹿にされていると、ものすごく感情の起伏が激しくて、ひとつの授業に出たあと、体調が悪くなって寝込むという状態だったから、『あんまりこの人、大学院にいてもよくない』と思ったんです。もし研究を続けたいなら、いっぺん出たあとに戻ってくればいいですしね。今のままだったら、どちらにしても良いことはないと。彼もそれは感じていたみたいです」

きっかけ

しかし同じような症状は、就職後も続いた。今度は学習塾の中で「馬鹿にされている」と言いはじめた。職場に行くのが怖くて公園に何時間もいたこともあった。体調が悪くなり、みるみる痩《や》せていった。給料は良かったので退職する踏ん切りがつかなかったが、典子さんもさすがに「これは限界だろうな」と思いはじめた。そして「もうやめたほうがいいね」と話し合っていた頃に、塾のほうから契約の打ち切りを告げられた。

「塾を辞めてから再就職まで一ヵ月くらい空いたんですけど、そこから暴力がはじまったんです。それまでもキレやすい人だったんですけど、怒っても物に当たる程度だったんですね。それが突然、私に対して手をあげるようになったんです」

ある日、修一さんは友達を連れて帰ってきて、気分良さそうに「みんなで外食に行かないか」と典子さんを誘った。しかし懐《ふところ》具合が気になった彼女は、奥の部屋に彼を引っぱっていって、「やっぱりやめにしない、お金ないから」と耳打ちした。その瞬間、修一さんは彼女の頬をひっぱたいた。胸倉を摑んだり、コップを投げつけたりもした。友達が慌てて仲裁に入った。結局、典子さんと香苗ちゃんを残して、修一さんと友達は外食に出掛けた。これが激しい暴力のはじまりだった。

「友達の前でメンツが立たなかったと思うんです。あと、私が思い通りにしてくれないというのもあったんでしょうね。なんで細かいお金のことでごちゃごちゃ俺を縛るんだっていう。本当なら私も『じゃあ、みんなで遠足気分でどっか行こう』と言ったらよかったんだけど、失業中でお金がないのに、なんで外食という発想が思い浮かぶのか私には理解できなかったんです。でも彼に『お金がないの』と言っても、どうしてもわかってくれなくて。今はかなり金銭感覚がしっかりしてきたんですけど、以前はぜんぜんなくて……」

暴　力

以来、十日に一度くらいの割合で暴力が繰り返された。典子さんは「再就職が決まればおさまるかな」と思っていたが、逆にますます激しくなった。

典子さんにとっては思いもよらぬことが暴力のきっかけになった。たとえば、何気ない会話の最中に、「正社員じゃないと思って、俺を馬鹿にしてるだろ」「おまえは俺の給料を微々たる金だと思ってるだろ」などと責められて、典子さんがいくら「思ってない」と言い張っても聞き入れられず、挙げ句の果てに「いや、おまえの深層心理はこうなんだ」と決めつけられて暴力をふるわれた。修一さんの言い分は、「おまえが俺を追い詰めている」「俺のほうが被害者だ」「おまえに押し切られて、強引にこの生活に持ち込まされた」ということだった。そんなとき典子さんは彼に対する怒りよりも、自分自身を責めた。

「私はパニックに陥って頭が働かなくなったからだと思うんですけど、彼から責められるままに『自分が悪い』『生きていることさえ私は罪なんだ』という感じがしてきちゃったんです。大学院を出たのは彼も納得済みだと思っていたし、彼の被害妄想が強すぎるとは思いましたけど、私が強く就職を希望したのは間違いないですから。子供ができたとき、もうちょっと彼の負担を感じてあげればよかったんですけど、私のほうは赤ちゃんを守るということばかり頭にあって。あのときも追い詰めるようなことは言ってないと自分では思うんですけど……」

男性優位主義者

暴力のきっかけは、ごく些細なことにも及んだ。おかずが足りないとか、箸が用意していないとか、醤油の置き場所が気に入らないとか。どういうところで怒らせるかわからなかったので、典子さんはいつでもビクビクしていた。文句を言えば、「口答えすんのか！」と殴られ、取っ組み合いで抵抗すれば、その分だけやり返された。おとなしく顔色をうかがって神経質にしていても「気に入らない」と殴られた。結局暴力がはじまれば、修一さんが疲れるのを辛抱強く待つしかなかった。

「『箸がないからフォークにして』と言ったくらいでパッと手が出るから、私とすれば不条理で、なんで怒るのか意味がわかりませんでした。恋人時代は私の好きな本とか考え方（フェミニズム）に共感してくれていたのに、生活してみたらぜんぜん違いました。家の中ではすべて『してもらって当然』という感じ。『この家は誰の家だと思っているんだ』とか『誰の金でめし食えると思ってるんだ』とか典型的な男性優位主義なんですよ。恋人のときは御飯もよく作ってくれて、結婚してもこうしてくれると思っていたのに……」

修一さんは子供に対しては手をあげなかった。機嫌がいいときは、子供をとても可愛がった。しかし典子さんに対して暴力をふるうときは、子供の前でもお構いなしだった。そのたびに子供が泣き叫ぶので、典子さんは「トラウマになるから、子供の前ではやめて！」と懇願した。修一さんも暴力のあとは反省して子供を気遣ったが、衝動が高まれば同じことの繰り返しだった。そのうちに子供は「パパ嫌い」「パパ怖い」となつかなくなった。

ある晩、典子さんの生理がひどかったとき、修一さんは子供をお風呂に入れると約束したが、仕事で疲れていたらしく、食後にごろんと寝てしまった。典子さんは起こそうかどうか迷ったが、怒られるのが怖くて躊躇した。自然に目を覚ますのを待っていたが、子供は待切れずに眠ってしまった。典子さんはむしゃくしゃしてきた。夜中に修一さんが起きてきたので、我慢できずに、「お風呂入れてくれなかったじゃない。あれほど約束したのに」と不満をこぼした。

すると、修一さんは物凄い形相になり、「俺がこんなに疲れているのがわからないのか！」と怒鳴って典子さんに飛びかかり、馬乗りになって首を絞めた。典子さんは朦朧としながら「殺される」と思った。子供が目を覚まして泣き叫んだ瞬間、修一さんは首から手を放し、「わぁー！」と声をあげて自分の部屋に駆け込んだ。ガチャンガチャンと蛍光灯や窓ガラスを叩き割る音が響き渡った。母親に抱きかかえられた子供はぶるぶる震えていた。

子供の入院

暴力が何度も繰り返されるうちに、普段の子供の様子がおかしくなってきた。

「生後六ヵ月くらいのときに表情が曇り出してしまったんです。『香苗ちゃん』と声をかけると、ニコッと笑うんですけど、お愛想笑いみたいで、その表情がパッと曇って、スッと横を向くんですよ。誰からも話しかけられれば、ニコッと笑うんですけど、すぐに表情が暗くなって俯いたり。『なんでこの子、こんな表情をするんだろう』と気になってしまって。他の人からもそれを指摘されて、彼も気付いて、『自分のせいだ』と思い詰めていたんですけど……」

子供が一歳のときだった。高熱が続き、夜中に容態が悪くなったので、大学病院の夜間外来に連れて行くことにした。修一さんも典子さんも慌てていた。どのタクシー会社に連絡するかということで衝突した。典子さんが「〇〇タクシーがいい。いつも使っているから」と言うと、修一さんは「△△タクシーのほうが近いからすぐ来る」と言い張り、結局典子さんが聞き入れずに電話したので修一さんは彼女を蹴りつけた。二分後にタクシーが到着した。ぐったりしている子供を典子さんがだっこし、玄関から外に出た。背後から修一さんがついてきたので、典子さんは振り返り、「取り乱しているあなたといっしょに行くことはできないわ。ひとりでこの子は連れていくから、あなたは残っていて」と言った。修一さんは逆上して、子供を抱えて歩いていく典子さんの背中に飛び蹴りした。

「あのときがいちばんショックでした。夫婦で一致協力しなければいけない場面で、なんであんなことができるのか信じられませんでした。ほんとに空中高く飛んで蹴ってきたんですから。私も子供も壁に打ち付けられたんですよ。怪我しなかったからそのままタクシーに乗って行きましたけど、ぶつけた場所が悪かったら子供は死んだかもしれないんですよ。あのとき初めて『もうだめだな』と思ったんです」

ところが子供が入院してから、修一さんは極端に優しくなった。典子さんが付き添いで疲れていると仕事を休んで交代してくれた。母親の入院が長かったので「俺は病院のプロ」と自称するほど手慣れていた。病室まわりなどの細かいこともまめに行っていた。典子さんはしばしば「いい御主人ですねえ」と言われた。彼女自身も考えを改めて、「これをきっかけに絆が強まったら」と願っていた。

謝罪

しかし退院直後には、再び激しい暴力がはじまった。もはや典子さんは限界に達していた。スープ皿をテーブルクロスごとひっくり返され、馬乗りになって顔面殴打されたあと、典子さんは修一さんの部屋に駆け込み、彼の本や写真を破った。ところがその中に、修一さんがもっとも大事にして勉強机に置いていた写真があった。クリスチャンの両親に連れられて教会に赴いたときに記念撮影したものだった。

「大事なものとわかっていましたけど、私もカーッとなって、『何が神様だ！』と写真をビリビリに破ったんです。彼が両親からプレゼントされたという聖書も引きちぎりました。その前の暴力のときにも彼のギターを壊して彼がおとなしくなったんで、味をしめたんですね」

しかしそのときの修一さんはおとなしくなるどころか、ますます暴れて腹蹴りや首絞めなどが絶え間なく続いた。典子さんは隙を見て実家に電話をかけ、母親に「助けて！」と泣き叫んだ。以前にも青痣を作って実家に逃げたことがあったので、両親はおおよその事情を知っていた。娘の叫び声といっしょに怒鳴り声やガラスの割れる音なども聴こえたらしく、母親は急いで警察に通報した。三十分後にパトカーが到着した。年輩の警察官が部屋にあがってきて、神妙にしている修一さんに向かって「男っていうのはそんなことするもんじゃない」と説教して帰っていった。

典子さんの父親もタクシーで駆けつけた。以前にもこの件で修一さんと話し合い、「もう二度としません」と約束させていたので、このときの父親は「貴様、約束を破ったな！」と激高して頬をひっぱたいた。修一さんは「すみません、もう絶対にやりません」と何度も謝罪したが、父親は聞く耳を持たず、「もうおまえを信用しない」と言い残して娘と孫を連れていった。

「私は実家に向かうタクシーの中で、『このまま彼と離れたら、もう会うこともないだろうな。そうしたら、うやむやのまま離婚だな』と思って、お父さんに『もう少し話を詰めてからにして』と頼んだんですけど、お父さんのほうが『俺がもたない』と言ったので、『これ以上親に迷惑はかけられないな』と思い直してそのまま実家に帰ったんです」

義父の対応

以上が典子さんの話によるDVの大筋のあらましである。私は引きつづき、いくつかの質問をした。

「お話の中に修一さんのお父さんが出てこなかったんですけど、暴力も含めて修一さんの問題は、お父さんの存在が大きいと思うんです。典子さんはそれを感じませんでしたか?」

「ええ、私もそう思いますよ。彼、お父さんにはすごく縛られているんです、いい意味でも悪い意味でも。お父さんの生き方を見たり話を聞いたりして夢を持って、いまだに『パパ、パパ』と慕っている反面、すごく憎しみもあるみたいなんですね。学生の息子に多額の借金を背負わせたんですから。でも、そのときは修一さんのほうが槍玉《やりだま》にあがって、伯母《おば》さんから『お父さんを追い詰めたのはあなたよ』『大学に十年行かせてもらっているのがお父さんの負担になったに違いない。お父さんを支えて借金を背負うのがあなたの人生よ』と言われてばっかりで。結局、伯父《おじ》さんがとりあえず穴を埋めてくれたんですけど、心の傷は深く残っているようなんですね。そういう面では、いまだに私は同情していますけど」

「修一さんは二十六歳までお父さんに暴力をふるっていたわけですけど、その一番の理由は『俺のことをわかってくれない』という不満だったようなんですね。でも結婚後は典子さんに同じような不満をぶつけて暴力をふるい、お父さんにはふるわなくなったとおっしゃっていました。それについてはどう思われますか？」

「彼のことをわかってあげられなかった部分が私にあるのは認めますけど、それで殴られるなんて不条理です。それに私は、親代わりじゃありません。お父さんと同レベルにしないでほしいです。彼の卒業論文に『人を傷つけたとき、自分をも深く傷つけている』という言葉があるんですけど、私、それを読んだとき、納得できませんでした。人を殴っておいて、『おれの拳だって痛いんだ』と言っているようなもんでしょ。そんなの、自己正当化でしかないんじゃないですか」

「暴力を受けていた頃から、そう思っていたんですか？」

「いいえ、それはさっきも言いましたけど、暴力を受けていた頃はこんなふうに思えなくて、私のほうが悪いと思っていました。実家に戻って立ち直ってきてから、だんだんそう思えるようになって。元の自分に戻れたというか」

「立ち直ったときの話はあとでお聞きしますけど、修一さんの暴力が典子さんに向かったことについて、彼のお父さんはどう考えているのかご存じでしょうか？」

「私の両親がお父さんに相談したことがあるんです。でも、『はいはい、ああ、そう』という素っ気ない反応で、話しても無駄という感じだったようです。まわりの人には『なんで俺にそんなこと言うんだ。関係ないじゃないか』と言っていたようです。『三十にもなる息子になんで俺が介入しなきゃいけないんだ』とも言ってたらしいですけど、三十歳になる息子らしからぬ振る舞いで誰も止められないからこそ、お父さんに助けを求めたんですけどね」

「典子さんに対しても冷たいんですか？」

「ええ、ずいぶん傷つけられました。『おまえに押し切られた。強引にこの生活に持ち込まされた』と修一さんから責められたと言いましたけど、あれと同じようなことをお父さんからも言われたんです。暴力の問題でも『あなたが悪い』と言うんです」

「お父さんも修一さんに期待していたから、典子さんに八つ当たりしたんでしょうね」

「子供が入院して死ぬかもしれないというときに、私は『早く気付いてあげられなかった私のせいだ』とか『彼の暴力を見て、子供がだんだん弱っていったんだ』という自責の念に苦しんでいたんですけど、お父さんが追い討ちをかけるように『あんたがそんな性格だから息子を追い詰めて、子供も病気になってしまった』というニュアンスのことを言ったんですね。そのときに付き合いを断ちたいと思いました。そうしなきゃ、私が生きていかれないと思ったんです。もう一年半会っていません」

私は典子さんの苦しみの度合いを感じ取った。義父との付き合いを断ったのは、ぎりぎりのところでの勇気ある決断だと思った。しかしそれと同時に、義父に対してはそれほど毅然とした態度をとった彼女が、夫に対してはほとんど意思表示ができなかったという落差の大きさに驚きを隠せなかった。

回復

話は、典子さんが立ち直った経緯と自宅に戻ってきた理由に移った。

実家に帰ってからの彼女は、しばらくの間、心的外傷で苦しんだ。激しく暴力を受けていたときの記憶がよみがえると、胸が苦しくなり、一睡もできないときがあった。「私のほうが悪い」という自責の念もあいかわらず続いた。しかしそういう中で精神的な救いになったのは、DVについての読書をすることだった。レノア・ウォーカーの『バタードウーマン』をはじめとする専門書を片っ端から読みあさり、「私は悪くないんだ」という意識が芽生えはじめてから元気を取り戻していった。両親や親友もいっしょになってDVの学習をして、典子さんの回復を支えた。

その間、離婚についてもよく考えたが、なかなか結論を出せなかった。両親や友達からは「絶対に別れたほうがいい」と忠告され、彼女自身もそちらのほうに心が傾いていたが、やはりどうしても「家族の幸せ」を捨て切れなかった。

「両極端の間を気持ちが揺れ動いていました。『もう不可能だな』と頭ではわかるけれど、でもやっぱりパパ、ママ、香苗の三人で暮らしたいという気持ちが強く残っていて。嫌なときばかりじゃなかったし、もちろん楽しいときもあったから。もう一度がんばって、もう一度試してみたいという気持ちのほうが日増しに強まっていきました」

変　化

一ヵ月間の絶縁状態のあと、共通の友人の仲介があり、親の目をぬすんで修一さんと電話で話した。子供の様子を伝える程度であったが、それを皮切りに、ときどき互いに電話をするようになった。少しずつ心境を語り合うようにもなった。しかしそのたびに口論になった。どちらかと言えば、典子さんのほうが寄りを戻したがっていた。「もう一度家族で暮らして、あなたを見極めたい」と修一さんに話したとき、彼は激怒して電話機を壁に投げつけた。典子さんは震え上がって、「やっぱりとても会えない」と思った。

しかしその一方で、修一さんが暴力をやめるためにカウンセリングを受けはじめ、DVの加害男性の自助グループにも参加しはじめたと聞き、彼女はその成果が実ることを期待しないではいられなかった。

「時間が経つうちに、彼もひとりで過ごして、自分の時間を持って、ほんとに私や香苗と別れて一生暮らすのかとしんみりしたときに、やっぱり『このまま終わらせたくない』と思ったのかな。まわりから『君が悪い』と言われたときは反発して、『俺だって苦しんでいるんだ』という気持ちではあったと思うんですけど、その頃初めて暴力に関しては自分のほうに非があったと思ったのかな。暴力に関しては自分がなんとかしなきゃいけないと」

そして典子さんがいちばん驚いたのは、彼が教会で洗礼を受けたことだった。「あの人の中で急速に何かが変わりはじめている。これは本物だ」と典子さんは直感した。

実家で修士論文を書き上げて提出してから、典子さんのほうから「久しぶりに会おうか」

と切り出した。喫茶店で再会して今後のことを話し込んだ。

「最初の頃は感情的になることもありましたけど、ちょくちょく会っているうちに、徐々にふたりの関係が落ち着いてきて、話が弾むようになってきたんです。彼が本当に変わってきて、すごく穏やかになってきたんですよ。やっぱり洗礼の影響が大きいのかなと思いました。でも、そのときはデート感覚で数時間会って別れていたから、その間は喫茶店で仲良くできるけれども、実際に再び生活をはじめたら難しいというのは二人とも重々わかっていることだから、戻るかどうか悩みました」

新生活

典子さんは彼を子供に会わせることにした。香苗ちゃんのほうは実家でも「パパ嫌い」「パパ、ママのことペンペンしたの、ママ、エーンしたの」と祖父母に話していたほどで、父親に会いたがる素振りをぜんぜん見せていなかった。しかしそれでも決断する前に、父親に再会したときの香苗ちゃんの様子を見ておきたかった。そして前々から子供に会いたがっている修一さんのそのときの様子も、家族で本当にやり直していけるかどうかの重要な判断材料になると思った。

公園で待合せをした。香苗ちゃんは父親を目にすると満面の笑顔を浮かべ、「パパ、パパ」と駆けていき、父親に抱きついて匂いをくんくん嗅《か》いだ。修一さんも表情を崩して子供を抱き締めていた。典子さんは思わず涙ぐんだ。

「あのとき、やっぱりやり直そうと思ったんですね。単に子供のためだけに『仮面夫婦』をやるのではなくて私たちの幸せのために。彼もたぶん、そう思ってくれているはずです。まあ、いちばんは子供のためというのがあるかもしれないですけど」

その晩、修一さんからメールが届いた。香苗ちゃんとの再会の喜びを詩で表現していた。

パパより香苗へ
香苗、パパは香苗のことが好きだよ。
今日会えたときは、ほんとうにうれしかったよ。
香苗が、パパの腕のやわらかいところのにおいをくんくんかいで、
それから、香苗のちいさな唇で、そっと吸ってくれたとき、
パパは、からだの奥の方からあたたかく、香苗のことを好きなんだって
思ったよ。

香苗をだいて、ブランコにも乗ったね。
はじめはひとりで立っていたけど、あとでパパのひざのうえに座ったね。
あのとき、香苗には、なにが見えたんだろう？
大きなおふろのような、青いプールのむこうの空を、ゆれる木立のむこうの空を、
香苗の大きなしっかりした眼は、じっと見つめていたよ。
さいごにさよならをしたとき、やさしい夕陽が照るなかで、香苗はパパの手を
握ってくれたね。扉をあけてママと香苗が建物のなかへはいったあと、
香苗がくつをぬがせてもらって、玄関の横の部屋へはいっていくのを、
パパはずっと、扉のすきまから、のぞいていたよ。

それから三ヵ月後に典子さんと香苗ちゃんは自宅に戻った。典子さんは無事卒業し、仕事を見つけ、香苗ちゃんを保育園に預けながら働きはじめた。三人の新たな生活がはじまった。三ヵ月後の現在まで、修一さんはまったく暴力をふるっていない。

典子さんは今の修一さんについて、こう語った。

「戻って三ヵ月になりますけど、彼、明らかに変わりました。もうこういう人だったら、い

っしょに楽しくやっていきたいなと思いますよ。怒りっぽいのはあいかわらずですけど、物に当たったりとか、私に当たったりすることはなくなりました。カッと怒っても、あとでかならず謝るようになって。子供にもすごく優しいので、子供はすごくなつくようになりました。どっかで反動がドカンと来るかもしれませんけどね」

ずっと険しかった典子さんの表情に笑みが浮かんだ。私は少しばかり気が楽になったが、複雑な心境は拭《ぬぐ》えなかった。

洗　礼

典子さんが保育園に行く時間になったので、私は取材を打ち切って失礼した。そのまま修一さんの会社のほうへ向かった。やはりどうしても間接的な話だけでは信じられない部分があった。彼の真意を直接確かめたかった。本当に彼は変わったのか。もし変わったとしたら、何がいちばんの転機になったのか。典子さんが言うように、洗礼の影響なのか。もしそうなら、いったいどういう影響があるのか。

修一さんが仕事を終えるのを待っている間、私は街中をぶらぶら歩きながら、いろいろと考えをめぐらした。しかし宗教にほとんど縁のなかった私には、やはりいくら考えてもピンと来ないことだった。疑念も浮かんだ。一時の気紛れなのではないか、単なる「ハネムーン期」なのではないかと思った。

夜八時ごろ、修一さんは待合わせ場所のジャズ喫茶にやって来た。ビルの地下にある薄暗い店で、文化人の常連客が多く、彼のお気に入りスポットのひとつだった。

「さっき、典子さんに会ったよ」と言うと、彼は恥ずかしそうに微笑み、「何を話してましたか？」と訊いてきた。私は大雑把に典子さんの話の内容を伝えた。修一さんは節々で「ええ、その通りです」と言って、ぜんぜん反論しなかった。典子さんが語ったＤＶの実態についても誇張はないと認めた。

私はそのうえで、さっそく洗礼について尋ねた。

「教会で洗礼を受けたと彼女から聞いたけど、ずいぶん思い切ったことをしたね。びっくりしたよ」

「いや、僕にとっては、自然な成り行きだったんです。昔からそういう環境には慣れていましたから」

「たしか御両親がクリスチャンなんだよね？」

「ええ、母が洗礼を受けたんです。その後の生活を僕は見ていましたから、いつか自分自身も受けるんじゃないかなという漠然とした考えはあったんですね。でも、なかなかそこまでするきっかけを摑めなかったんです」

母の記憶

三年前に亡くなった彼の母親は、修一さんが中学生のとき脊髄障害を患い、下半身不随になった。突然の災難だったので、家族全員が絶望の淵に突き落とされた。母親はほとんど寝たきりの生活の中で、生きる気力を失っていた。いつでも憔悴しきった表情を浮かべ、声は消え入りそうに弱々しかった。しかし知人の紹介でシスターが家に訪ねてきてから、母親は劇的に変わっていった。部屋にこもってばかりいた彼女が、しばしば教会まで外出するようになった。修一さんは日曜日に車椅子を押して母親をミサに連れていく役目だった。何事にも投げやりになっていた母親が神父の話に熱心に耳を傾け、信徒の人たちと朗らかに交流するのを目の当たりにした。

修一さんが大学生のとき、母親は洗礼を受けた。その頃には精神的に気丈になり、教会でも頼られる存在になっていた。脊髄障害が進行して完全に寝たきりになってからも、激痛に対して弱音ひとつ吐かず、逆にまわりの人たちを励ましつづけていた。そして多くの人たちに看取られながら、安らかに他界した。

「母はすごく強くなったんです。病気を自分のこととして受け容れられなくて苦しんでいたと思うんですけど、洗礼以後は、自分の身に起こったこととして受け入れられるようになったんだと思うんです。そのことがすごく、僕の中に残っていた」

別居後に修一さんが孤独に自分自身との対話を続ける中で、「自分は精神的に強くならなくちゃいけない」と思い詰めていたときに、母親の洗礼の記憶がよみがえってきた。

洗礼の日に教会へ向かう道すがら、母親は車椅子を押している息子に「受け容れることの素晴らしさ」を語り聞かせた。そのときの優しく張りのある声が、鮮やかに聞こえてくるようだった。

「あの話は、今の僕に対する母のメッセージのような気がしてきたんですね。母が死んでから心の中にポカンと穴が開いていたとき、子供ができて、結婚したわけですけど、もし母が死んでいなかったら、そういうふうな行動には出なかった。つまり、今に至るまでは、母のことが大きいんです。母の死からのつながり、一連の流れだと思うんです。でも、僕はそれを受け容れられなかった。むしろ理不尽に感じて、自分の人生は間違っていると思ってきた。そんな中ではいつもイライラして、どんな些細なことにもカーッとして、『おまえのせいだ』

『おまえが今の生活に俺を引き込んだんだ』と典子に当たっていた。子供も人生を邪魔する存在として可愛がれなかった。もう自暴自棄になって理性が吹っ飛ぶほど暴力的になっていた。そんな自分に母がすごく大きなメッセージを残してくれたような気がしたんですよね」

救い

別居後にいちばん苦しかったとき、それは典子さんから「もう一度家族で暮らして、あなたを見極めたい」と言われたときだった。自信はなかった。また暴力を繰り返してしまうのではないかと恐れて身が震えた。「やり直そう、戻っておいで」と言えるような心境には程遠かった。案の定、それを何度も言われると、自信のなさに苛立ち、電話機を壁に放り投げて壊した。「ほら、みろ、おまえは所詮その程度の人間なんだ。一生涯、弱虫なんだ」と囁き声が聞こえてきそうだった。

何日間も眠れない夜が続き、もはや自分の力だけではどうにもならないと悟ったとき、知人の神父に会いに行った。母親のことを熱心に支えた人だった。「あの神父さんなら」と藁にもすがる思いで悩みをすべて打ち明けた。神父は親身に話を聞いた。母親の思い出話もした。彼はようやく泣けた。泣いて、泣いて、泣き尽くしたあと、自然と笑みがこぼれてきた。

その一ヵ月後、彼はなんの迷いもなく洗礼を受けた。その影響について、彼はこう語った。

「怒りとか感じたときもあとで整理ができるようになったんです。そうしたら『俺は悪くないんだ』という気持ちが減って、暴力の衝動もおさまっていくんですよ。そういう場ができました。教会というよりも、自分の中にそういう場所ができたような気がするんです。悪いことよりも良いことのほうを目指す方向性に、常に自分を巻き戻すことができる根拠というのかな。尺度というのかな。もちろん今でもカーッとなることはありますけど、前ほどはやけくそにはなりません。完全じゃなくても、なんとか押し止どめることができます。その場所にいつも立ち返るから」

私は目頭が熱くなった。短い間ではあるが、彼の苦しむ姿を見てきただけに、私にとってもこれほどの救いはなかった。

父からの解放

しかしそれでも気になったのは、彼がずっと苦しんできた父親からの呪縛である。ここからの解放なくして真の更生はあり得ないのではないかと私は思っていたからだ。

その点について修一さんは、こういうエピソードを語った。

「父がこの間、蔵書をぜんぶ整理したんですよ。図書館に寄付したり、古本屋に売ったり、捨てたり、僕にくれたりして。どういう心境なのか聞いていませんけど、死ぬ準備をしていたんじゃないかと僕は思うんですね。父も持病があって、かろうじて講義には行ってますけど、いつ倒れてもおかしくないんです。そういうこともあって、死ぬ覚悟を固めたんでしょうね。だから、最近、すごく落ち着いているんですよ。僕がとばっちりを受けることはなくなってきていますし。すごく母のことを愛していて、母の洗礼のあとに自分も洗礼を受けたくらいですから、たぶん同じように安らかな気持ちかもしれませんね。不思議ですね、僕が自分の人生を受け容れようとしているときに、父がそういう準備をはじめたというのは。夢も借金も与えてくれた父のことも、そろそろ受け容れなきゃ」

「芝居で言えば、第一幕が終わろうとしている感じだね」

「ええ、でも、僕の人生はまだまだ長いですから。これからもおかしくなるときはあるでしょうけど、それを乗り越えるのに今の経験はすごく役立つと思うんですよ」

修一さんの表情と口調には自信があふれていた。私は彼の立ち直りが本物であるのを確信した。

エピローグ

二通りの加害者像

今回の取材で、収録できなかったものを含めて二十数人のＤＶ加害経験者の話を聞いた。それ以前に、被害者側への聞き取りで思い浮かべていた加害者像というのはいわば「モンスター」でしかなかったのだが、当然のことながら、加害者も生身の人間であり、十人十色の人間模様があるのだなとつくづく思った。

しかし自らの暴力性に向きあう姿勢において、二通りの加害者像に大別できると思う。暴力をやめようと努力しているか、暴力をやめようとせず居直っているか、である。

まず前者であるが、私は彼らに対してある種のケアが必要であると思う。なぜなら、暴力をやめなければならないと決心したところで、ひとりの力だけで達成できたという人が極めて少ないからである。たとえば、ある男性は、暴力をやめられない心理状態についてこう語った。

「普段は本当に『やめたい』と思っているんですけど、感情がエスカレートしていったときに、瞬間的に『もうどうなってもいいや』という気持ちになってしまうんです。暴力をふるえば妻との関係が崩れてしまうというのはわかるわけですけど、なんだか磁石に吸い寄せられているような、麻薬かなんかみたいにそこに行ってしまうんです」

的確な治療が受けられない現状

こういう症状に対する精神医学的な解釈は私にはわからないが、なんらかの心理的な病理であるのは間違いないだろう。明らかに個人の意志や我慢だけで解消するのは困難である。当人たちもそれには気付いていて、精神科クリニックや心理相談所を訪ね、「暴力をやめたいのですけど、やめられないのです」と相談を持ちかけている。しかし残念ながら、治療の成果で暴力をやめられたという話は極めて稀《まれ》である。先の男性はその症状をベテランの精神科医に話したとき、「じゃあ、君ね、スポーツをやりなさい。エネルギーが発散されて暴力の衝動もおさまるから」という、あまりにも的外れなアドバイスをされたという。あとは安定剤を出されてお終いである。

私は、この問題に関して、専門家があまりにも怠惰であると憤りさえ感じるときがある。DVの被害者の心理に精通している優れた専門家は少なくないが、加害者の心理に精通している専門家は、私が知るかぎり五指に満たない。加害者自らが脱暴力の決意を固めて外に助けを求めているときに的確なケアが得られないので、「やっぱりやめられない」という絶望感に駆られて暴力を繰り返す人は少なくないのである。今後、専門家のレベルをあげていくことは、社会的課題と言っても過言ではない。

メンズカウンセリング

そういう情況下で、非常に細々とではあるが、加害者が暴力をやめるための支援をはじめた市民団体がある。京都市に事務局がある『メンズサポートルーム』だ。カウンセラーの味沢道明《あじさわみちあき》さん、立命館大学助教授の中村正《なかむらただし》さんらが二〇〇〇年四月に開設し、定期的に『非暴力ワークショップ』『非暴力を語る会』などを実施している。

参加者は男性の加害当事者のみ。自らの暴力体験を振り返り、原因はなんだったのか、どうすればやめられるのかなどを冷静に考えていく場を提供している。被害者の痛みを知るためのロールプレイ、怒りの感情表現のトレーニングなど、プログラムは豊富である。二〇〇一年四月には、被害者支援の団体との共催で、『脱暴力支援者養成講座』を大阪市で開講し、加害者ケアのノウハウを啓発的に広めていく活動もはじめた。

味沢道明さんは、一九九〇年代初めから、様々な問題を抱える男性のためのサポート活動を続けてきた。男性のためのコミュニケーション教室や電話相談などに取り組む中で、男性問題専門のカウンセリングの必要性を切実に感じて、近年は『メンズカウンセリング』を提唱している。

味沢さんにDV加害者のサポートについて話を聞いた。

――『メンズカウンセリング』とは、どのような目的を持っているのでしょうか?

味沢　女性たちが既存のカウンセリングにジェンダー（社会的・文化的に作られた性差）の視点を取り入れて、女性のためのウイメンズカウンセリング、あるいはフェミニストカウンセリングをはじめたように、ジェンダーの視点を取り込んだ男性のためのカウンセリングを『メンズカウンセリング』と呼んでいます。これは個人の病理に対する治療ではありません。ジェンダーを反映した制度や慣習などが生み出す社会病理に組み込まれた男たちに対して、そういう病的な情況からの解放を勧めたり、そのための支援を行っているのです。ＤＶだけではないけれど、多くの男たちが加害者あるいは抑圧者にならざるを得ない社会の構造に意識を向けないで、問題を個人の問題に還元しても、対症療法的な一時しのぎにしかなりません。それでは根本的解決にはほど遠く、困難は次々と発生してきます。

――脱暴力のために加害者を支援する前に、暴力を犯罪として認めさせようという声が圧倒的に多いと思うのですが、その点についてはどうお考えですか？

味沢　「ＤＶは犯罪です。やめましょう」という理屈はよくわかるし、その気持ちもよくわかります。それは正論です。けれど、それだけで加害者は減るのでしょうか。もちろん「ＤＶは犯罪です、やめなさい」ということも大切でしょう。しかしそれは、加害者を変容させるために存在する言葉ではなくて、法的責任の因果関係を確認するという意味で必要な言葉だと思います。今度のＤＶ防止法でそれがやっと認知されたことは一歩前進だと思いますけれど、ＤＶ加害者が暴力をやめるための支援をする場でその言葉が有効とはさらさら思いません。私は「こうすればやめられる。どうしてやめられないか考えよう。やめられたらあなたも楽になる」という加害者の利益を前提に話をすすめます。それは被害者のためというより、加害者自身のためなのです。これは加害男性に実際に向き合って、彼等の変容を目の当たりにしている私の実感です。

――被害者側に立っているカウンセラーが、加害者に改心を促していくというのは不可能なのでしょうか？

味沢　被害者側に立ったカウンセラーが加害者に接すると、指示的、教導的になり易いのでカウンセリングは困難になるケースも多いのではないでしょうか。多くの被害女性は「夫を変えたい」という意識を持っていて、さんざん努力しているけれど、「夫は変わらなかった」という事実のほうが圧倒的多数ですから、その支援者は当然のごとく糾弾的になってしまいますからね。もちろん加害者に対して糾弾をし、責任を認めさせるのを望むのは被害者の心理からは当然と思いますし、その気持ちも当然受容されるべきでしょう。けれど、その感情に巻き込まれて、被害者といっしょになって加害者を糾弾する人には加害者の脱暴力への支援は絶対に不可能だと私は思います。

――味沢さんは、どれほど凶悪な加害者が来ても、決して責めるようなことはしないのですね。

味沢　決してしません。私はどのような加害者であれ糾弾することなく、加害者をサポートしていきたいのです。加害行為に対してノーであって、加害した人格に対してノーではありません。憎むのは行為であって、人格ではないのです。

――しかし、繰り返しになりますが、加害者に対して甘い、絶対に加害者が悪いと被害者が納得しない場合もあるのではないでしょうか？

味沢　私は加害者の話を聞いていますが、当然被害者も私にあれこれ言ってきますし、どちらの言葉に対しても傾聴しているつもりです。どちらが正しいとかいう判断には立ちません。それぞれの世界ではそれぞれ異なる価値観があり、同じ現実を裏と表で見ているような感じを受けます。どちらも真実です。自分の価値観とは違う相手の存在や、あるいは、自分の価値観とは違う現実の自分という不一致な部分に対して、ちゃんと目をあけて見て、受け入れていくという作業をしてもらうだけです。件数は多くはないけれど、被害者と加害者、双方の話を聴くという作業もしていますし、その経験からいえば、それは不可能ではないし、双方に対して有効であるとも確信しています。

――加害男性が自分の罪、責任を認めていくのに、味沢さんはどのように導いているのですか？

味沢　男性が加害者性を認めないのは、自らの被害者性を認めないからだと私は仮説を立てています。男にとって被害者であることは敗者であることであり屈辱です。そんな自分を認めることはできないから、自分に加えられた加害という現実も「教育」とか「愛」とか、「伝統」とかいうことで自ら正当化してしまいます。「ビンタのおかげで根性入りました」とかいうように。この理屈は自らの加害という行為に対しても、適用されます。「俺のビンタで、お前らもビシッと根性入ったろ」というように。したがって逆説的ですが、自らの被害体験を受容し、そのときの被害と加害の関係をきちんと認識することで、自らの加害行為に対しても、その加害性を受容し、自らの責任として引き受けることになると思います。しかしこれは心理的プロセスのことを言っているのであり、法的に責任を取るということに言及しているものではありません。法的な問題に法的に対応するのは当然です。が、法的責任を取っても心理的に責任を引き受けていなければ、再度の犯行は当然だと思います。

――加害者の人格の特徴はなんでしょうか？

味沢　自尊感情が低く、他人の評価に依存する傾向の強い人が多いのではないか、という印象があります。そんな人は妻や恋人が、自分の努力に対して正当な評価をしないと感じたら、自己嫌悪なり、他者憎悪に容易に転化するのではないかとも思います。彼にとって傷付いた男のプライドを回復させるのは、怒りによる暴力しかないのでしょう。負けるな、泣くな、やり返してこい、と何度も言われて育ってますから。

――そういう男性が自分に向き合っていき、ジェンダーの構造をはじめとする様々な気付きを得る場を提供しているわけですね。

味沢　ええ、そうです。私は、生身の男たちが自らの抑圧―被抑圧の構造に気付き、自己変容していくことを援助していきたいと思います。そのためには男たちに、糾弾することなく共感していきたいと思います。人格を受け入れてもらえないと実感している犯罪者は、加害行為を正当化するその人なりの正義を持っているでしょうし、いくら、糾弾しても罰しても、より巧妙により陰湿に潜在化した加害になるのではないでしょうか。なぜかって、私ならそうするからです。他人の正義を暴力的に押し付けられても反発するしかないし、私の生きてきたプロセスを理解しようともしない、ヒエラルキー意識に無自覚な人たちが私を攻撃してきたら、私なりの正義として暴力で返すと思います。その最たるものが犯罪であり、テロでもあると思いますよ。だから私はむしろ、その人格を受け入れる、その人格に共感を示すという方向性のほうが大切だと思うのです。それが当人たちの暴力的衝動が鎮まり、ジェンダーの病から解放され、自己変容していく契機になると信じています。このことは、実はカウンセリングのいろはである、ロジャースのクライアント中心療法、そのものなんですけれど。

「DV防止法」の施行

味沢さんの考え方に対しては賛否両論あるだろうが、加害者自らが暴力をやめようと努力しているという前提においては正しいと私は思うし、味沢さんのカウンセリングの手法を支持する。しかし問題なのは、暴力をやめようとせずに居直っている加害者である。その場合はやはり被害者の安全を最優先にして、強硬手段を取らざるを得ないのは至極当然のことだ。二〇〇一年十月十三日に施行された『DV防止法（配偶者からの暴力の防止および被害者の保護に関する法律）』はまさにそのための法律である。それまで「夫婦間の問題」として見過ごされてきたDVが「犯罪」となった。

この法律の柱は、地方裁判所が接近禁止や住居退去を命じる保護命令制度である。保護命令が出れば、加害者は被害者の身辺につきまとったり、被害者の住居や勤務先を徘徊することを六ヵ月禁止されるか、あるいは被害者と生活している住居から二週間退去しなければならない。これに違反すると一年以下の懲役、または百万円以下の罰金が科せられることになる。地裁への申し立ては、暴力の情況、生命や身体に重大な危害を受ける恐れが大きい事情、配偶者暴力相談支援センターや警察に相談したことなどの有無だけでよい。地裁は速やかに裁判を開き、場合によっては相手側の立ち合い審尋《しんじん》なしでも命令を出すことができる。

さらにDV防止法によって、「配偶者暴力相談支援センター」が各都道府県の婦人相談所などに新設される。ここでは言葉による精神的暴力を受けた人を含む被害者の相談、カウンセリング、一時保護、自立生活のための情報提供が行われる。また警察も通報があった場合には、暴力の制止、被害者の保護、被害防止のための必要な措置を講じなければならない。もちろんこの法律は、夫から妻への暴力だけではなく、妻から夫への暴力にも適用される。さらに配偶者には、事実婚関係にある人や離婚後も暴力を続ける元配偶者も含まれる。

家を出たいがその準備ができない場合などは、保護命令と支援センターの利用を組み合わせるといい。地裁に申し立てをして住居退去の命令を出してもらえば、とりあえず二週間は加害者である配偶者は家に出入りできなくなる。その間に支援センターに相談し、打つべき手を考えて家を出ればいいのである。

処罰と支援は加害者対策の両輪

もう一度繰り返すが、この法律によってDVが犯罪行為であることは明文化された。つまり「DVは犯罪です」という文句を本気で肝《きも》に銘じなければならない時代に突入したわけである。この認識はある程度の加害者に対しては暴力の抑止力になり得るだろう。しかしこれだけでは、加害者の暴力の衝動が根源的におさまるとは思えない。味沢さんが言うように、いくら糾弾しても罰しても、暴力はより巧妙に陰湿に潜在化するだけだろう。なぜなら私が本書で描いてきたように、暴力の根源は非常に根深いところにあり、その衝動は法的な抑止力など通じないほど強烈である場合が多いからだ。やはりこの法律の運用と同時に、いかにして加害者の心のケアを充実させ、加害者自身がケアの必要性に目覚めるのを促していくかが、今後に残された社会的課題であろう。アメリカで実施されているように、裁判所の命令によって心理療法や教育的講座を柱とした更生プログラムへの参加を加害者に義務づけるという措置も、わが国に導入されて然るべきだ。接近禁止、住居退去、罰金、懲役だけでは、

ＤＶを根絶していくことはできない。処罰と支援、それが加害者対策の両輪であり、決して二者択一ではない。

※メンズサポートルームの連絡先
〒６０７−８３５１　京都府京都市山科区西野八幡田町15−20
電話＆ＦＡＸ　０７５−５０２−４８６０

あとがき

DVの「原因」と「きっかけ」

ＤＶに直面している何組かの夫婦の間に入り、双方の話を傾聴してきたことで、ＤＶ発生の「原因」がおぼろげながら見えてきたような気がする。もちろん例外はあるが、「原因」が見えてくるパターンというのは非常に似通っていた。ある夫婦の例を引き合いに出しながら、最後にもう一度整理しておこうと思う。

その夫婦の場合、私は妻のほうから接触した。結婚三年目頃から夫の暴力がはじまり、眼球が少し陥没するほど顔面を殴打されたこともあったという。現在は別居中で、そのまま離婚する可能性は高い。

その夫は以前からの私の知り合いだった。ある市民運動のリーダー格であり、彼の反体制的な思想と活動に私は一目置いていた。しかし偶然に妻の話を聞き、私はひどく失望した。

「自分の家庭も平和にできない奴に、国家の平和を語る資格はない」と憤《いきどお》った。彼に連絡を取り、「どういうことなのか話を聞かせてほしい」と迫ったが、「単なる夫婦喧嘩だ。話すに値しない」と断わられた。私は納得いかなかったので、彼がスピーチする集会まで赴き、かなりしつこく「話を聞かせてほしい」と食らい付いた。

するとと彼は数日後に私を呼び出し、ようやく重い口を開いた。しかし彼から聞き出せたのは、妻の「落ち度」ばかりだった。凄まじく家事ができないと訴えるのだ。たしかに彼が立て板に水のごとく話してくる具体例は、まさに「サボテンまでも腐らせる」と言われる類《たぐ》いの家事不能ぶりであった。たとえば、彼の妻は自分の生理の血がついたシーツやタオルをぜんぜん始末しないというのだ。仕方なく彼のほうがそれらを洗濯していたという。入浴後に妻と同じバスタオルで顔をふいたとき、生理の血が顔面にべったり付着したこともあるという。「そんなの豊田さんでも許せないだろ」と彼が同意を求めてきたので、私は「そうだよなあ、普通なら不快極まりないよなあ」と思わず同情を示してしまった。「どんなに家事不能の女性にも人権はある」なんていう発想は浮かばなかった。彼は私の同情を得たことでヒートアップして、「俺は耐えたほうだと思うよ。自分で自分によくがんばったと褒めてやりたいよ。でも限界が来ちゃってさ、殴ってでもわからせてやらなきゃいかんと思ったんだよ。

いわば躾けのつもりだったんだ」と言いたい放題だった。おそらく大多数の男性は彼を擁護するのではないだろうか。

これがもっとも典型的なDVの「原因」なのである。大概はこういった妻の「落ち度」で片付けられる。その後は原因探しをせず、思考停止状態になる。しかし、いま私が考えているのは、こういう類いの「原因」は、まずもって本質的なものではないということだ。単なる表面的な「きっかけ」にすぎないことが多い。

本質的な「原因」

この夫婦の場合もやはりそうであった。もう一度私は妻のほうに話を聞いてみた。すると彼女は、生理の血の不始末をはじめとする家事不能ぶりを認めたうえで、当時の精神状態を説明した。彼女は育児ノイローゼだったという。幼少の子供が病弱だったために心労が重なり、ひどい鬱状態が続いていて、家事どころではなかったのだ。私も鬱病の経験があるのでよくわかるのだが、あれをこじらせるとベッドから起き上がるのも、歯を磨くのも、食事をするのも億劫《おっくう》になる。生理の血の始末まで頭が回らないのは容易に想像がつく。しかし夫のほうは育児ノイローゼにぜんぜん理解を示さず、単に「怠けている」と見なして、罵倒したり暴行したりした。「地獄のようだった」と彼女は呟いた。

この話から感じ取れるのは、男のほうの思いやりのなさ、共感能力のなさである。自分の一方的な理屈を押しつけて、妻の苦境を受け容れようとしない。先に支配ありきである。これが先ほどより掘りさげて見えてきたＤＶの「原因」である。しかし私は、ここで止まってしまうのもいけないと思っている。

私は自分に鞭打《むちう》って、もう一度夫のほうに話を聞いた。すると彼の告白に従って、もっと本質的な「原因」が立ち現れてきた。妻のノイローゼの介護や、家事や育児に費やす労力や時間は、彼にとって無駄でしかない、邪魔でしかないという価値観である。名誉欲が人一倍強く、周囲（主に左翼業界）の評価を常に気にかけ、名声を得るがための派手な活動や言論にしか興味を示さない。意識を内側に向けて妻の苦しみに共感を示すことなどあり得ない。妻の「落ち度」をいろいろと責めるが、要は「俺に迷惑をかけて人生の邪魔をしている」「おまえが子供を病弱に産んだから俺に負担がかかるんだ」という怒りの爆発なのである。だからタイミング次第では、どんな妻の言動も暴力の「きっかけ」になる。もちろんこの通りに彼が語ったのではなく、彼の言葉の節々から私が推測したことに過ぎないが、これまでも同じようなパターンに何度も遭遇してきたので、おおよそ当たっている自信はある。

このような類《たぐ》いの男性の内面的な問題がDVの本質的な「原因」ではないだろうか。

さらに掘り下げて、その内面的な問題がどのようなところに起因しているのかを探っていく視点も肝要である。歪んだ人生観、家族観、男性・女性観などを刷り込まれてきた過程を、当人たちといっしょに振り返っていく作業が必要である。私の印象では、親子関係でのトラウマ体験に根差している場合が多かった。しかしそこまでは似通っていても大きな相違が出てくるのは、その本質的な「原因」に本人が気付いたあとの態度だ。それを真摯に見つめて改心しようとするか、目を逸《そ》らして居直ろうとするかのどちらかだ。

その男性の場合は、あくまでも「自分が正しい」と言い張った。「だって、そんな夫婦間の暴力なんて小さいことじゃん。俺は国家権力の暴力と闘ってるんだよ。豊田さんもさ、男と女の痴話喧嘩ばかり追っかけてたら、一流のジャーナリストにはなれんぞ。もっと大きな視点を持たなきゃ」。大きなお世話であるが、私はもはや、何も言い返す気がしなかった。こういう発想を持っている男性が自分の足元の問題にきちんと向き合えないというのは、長年男性問題を取材してきた実感でわかっている。

今回の取材はこんなふうに、後味が悪く、溜息をついて終えることが多かった。本当は「殴るのをやめられた男たち」というタイトルにしたかったのだが、とてもじゃないが、そんな心境とはほど遠い。しかし徒労ではなかったと思う。本書に登場する何人かの加害経験者は、暗澹たる気持ちに一筋の光を差し込んでくれるかのような生きざまを見せてくれた。それを読者に伝えたかった。DVという男性問題に絶望することなく、微《かす》かな希望を胸に秘めながら、筆を擱《お》くことにする。

最後にこの場を借りて謝辞を述べさせていただく。

本書の執筆・取材に際して、光文社新書編集部の三宅貴久さんには大変お世話になった。三宅さんの的確なアドバイスがなければ、遅々として進まなかった情況に突破口を見出せなかった。また、DV防止法の施行に合わせて本書を発行してくださった光文社新書編集部の御厚意には大変感謝している。また取材を快諾してくださった方々、特に登場人物の皆様、『メンズサポートルーム』の味沢道明さんに心から謝意を表したい。本当にありがとうございました。

二〇〇一年秋

豊田正義

※本書に対する忌憚《きたん》のない感想をお寄せください。特にＤＶの両当事者の御意見をお待ちしています。メールは「QYZ11751@nifty.ne.jp」、郵便は「光文社新書編集部気付」でお願いします。

豊田正義（とよだまさよし）

1966年東京生まれ。早稲田大学第一文学部卒業後に渡米し、ニューヨークの日系誌記者を経て、フリージャーナリストに。ドメスティック・バイオレンスなどの男女間の問題を主要テーマにしている。1995年より市民団体「メンズリブ東京」（http://member.nifty.ne.jp/yeswhome/MensLib/）代表を務める。著書に『男たちのED事情』（晶文社）、『オトコが「男らしさ」を棄てるとき』（飛鳥新社）、『男たちの「私」さがし』（共著、かもがわブックレット）、『壊れかけていた私から壊れそうなあなたへ』（大修館書店）などがある。

DV《ドメスティック・バイオレンス》——殴《なぐ》らずにはいられない男《おとこ》たち

2001年10月25日初版1刷発行

著　者——豊田正義
発行者——松下厚
装　幀——アラン・チャン
印刷所——堀内印刷
製本所——榎本製本
発行所——株式会社 光文社
東京都文京区音羽1　振替00160-3-115347
電　話——編集部03(5395)8289　販売部03(5395)8112
業務部03(5395)8125
メール——sinsyo@kobunsha.com

 ISBN 4-334-03110-2

光文社新書

007
思い通りの家を造る
林望

脱住宅メーカー！　日本の伝統とイギリス式生活の両面から到達した、本当に合理的な住まいの「かたち」。自らも6軒の家を設計したリンボウ先生の体験的ヒント。

008
ビジネス英語を速く読む
古藤晃

外資系のＨＰ・ＰＲ資料・英字新聞……企業の現場に氾濫する英語情報をすばやく捌《さば》け！　大学受験のカリスマ講師が教える実践的〝速読み〟テクニック、ビジネス版。

009
怪文書
六角弘

経営者vs.闇勢力の凄絶な確執！　そごう、ＮＥＣ、拓銀、イトマン、東京佐川……本書は、元「週刊文春」記者が、〝怪文書紙爆弾〟が炸裂した現場を歩いた記録である。

010
ＤＶ《ドメスティック・バイオレンス》――殴らずにはいられない男たち
豊田正義

職業・年齢・生い立ち・きっかけ……夫婦間暴力にはしる男たちの共通点とは？　加害者・被害者双方の多様なケースをもとにあぶりだす、ＤＶ問題の本質。